책으로 변한 내 인생

책 속에 모든 답이 있다
책으로 변한 내 인생

• 이재범 지음 •

평 단

책 속에 모든 답이 있다

책으로 변한 내 인생

내 인생에 있어 가장 의미 있는 일을 딱 한 가지만 꼽으라고 하면 주저 없이 '책 읽기'라고 할 것이다. 보다 정확하게 이야기하면 책을 읽고 리뷰를 쓴 것이다. 나는 사실 처음에는 그저 책을 읽었다. 지금의 나보다 더 발전되기 위해 읽은 것이 아니라 아는 것이 없고 부족한 것이 많아 이 부분을 채우기 위해 읽기 시작했다.

아무것도 없는 사람이 선택할 수 있는 가장 손쉽고도 확실한 방법은 책이라고 생각한다. 누군가에게 부탁할 필요도 없이 시간을 내서 혼자 조용히 책을 읽기만 하면 그 안에는 내가 알고 싶은 것들이 가득하다. 더욱이 책을 읽고 있으면 사람들이 호의적인 시선으로 나를 바라본다는 장점도 있다.

그렇게 나는 책을 읽고 부족한 부분을 채우고 공부를 한다는 심정으로 책을 읽기 시작했다. 책이라고 하면 소설만이 유일한 종류라고 알고 있던 나에게 엄청나게 다양한 분야의 책이 있다는 사실에 처음에는 암담하기만 했다. 내가 원하는 분야의 책 중에서도 어떤 책부터 읽어야 할지 몰라 여러 사람이 추천한 책부터 읽기 시작했다.

정확한 이유는 생각이 나지 않지만 매월 읽은 책 목록을 탁상 달력에 기입하기 시작했다. 매월 읽은 책이 쌓이고 쌓여 정리할 필요를 느껴 매년 마지막 날에 한 해에 읽은 책의 목록을 월별로 정리해서 몇몇 인터넷 카페에 올렸다. 한 해에 읽은 책이 100여 권 내외가 되다보니 월별로 정리한 목록에 사람들이 호의적인 반응을 보였다.

읽은 책의 목록이 대다수 실용 분야에 치중되어 있다는 비판적인 시각도 있었지만 대부분 "책을 참 많이 읽네요"라는 반응을 보였고, 점점 사람들이 나를 주목해 주었다. 매년 한 해에 읽은 책을 목록으로 정리해 올리다가 책 읽기를 한 단계 더 발전시켜야겠다는 생각에 리뷰를 쓰기로 결정했다. 리뷰라는 형식이 어떤 것인지, 남들은 어떤 식으로 리뷰를 쓰는지 전혀 참고하지 않고 단지 내가 읽고 생각나는 그대로 썼다.

네이버 블로그에 리뷰를 올리고 인터넷 서점 몇 군데에 동일한 리뷰를 함께 올렸다. 그 전에도 올린 책 목록을 보고 몇몇 사람이 책을 어떤 식으로 읽는지와 책을 추천해 달라는 요청이 있었는데 리뷰를 올리면서 사람들이 본격적으로 나를 주목하기 시작했다. 신기하게도 내가 올린 리뷰를 보고 책의 저자들에게서 연락이 오기 시작한 것이다.

자신의 책을 리뷰해 줘서 고맙다는 사람도 있었고, 개중에는 만나고 싶다는 사람도 있어 직접 만나 대화를 나누기도 했다. 투자를 해 보기 위해 시작한 책 읽기여서 투자 분야의 책을 주로 읽었는데, 그중 책을 쓴 저자들이 연락을 해서 자신이 카페를 운영하고 있는데 자신의 카페에 리뷰를 올려달라고 요청해서 몇몇 카페에 리뷰를 올리기 시작했다.

리뷰를 올리기 시작한 내 블로그 이름은 '천천히 꾸준히'다. 무엇인가를 집중적으로 열심히 하기보다는 느리더라도 꾸준히 한다는 내 성향을 스스로 깨닫고 나서 정한 인생의 모토인데 이것을 블로그 이름으로 지었다. 리뷰를 올리는 일도 이 원칙에서 벗어나지 않았다. 1년에 100권 정도의 책을 읽는 것도 변함이 없지만 리뷰를 쓰기 시작한 이후로 단 한 권도 빼놓지 않고 모두 리뷰를 올렸다.

사실 리뷰 자체는 정성 들여 쓴 것이라기보다 독서감상문에 가까웠다. 책을 읽고 느낀 점에 대해 썼기 때문이다. 때로는 책과는 그다지 관련이 없는 내용이 있기도 했지만 리뷰를 블로그에 올린 지 몇 년이 지나자 많은 사람이 내 블로그를 찾아 주었다. 처음에는 단지 개인적인 차원에서 시작했던 리뷰 블로그가 이제는 사람들이 와서 함께 공유하고 공감하는 자리가 되었다.

책을 통해 다양한 분야의 지식을 쌓게 되면서 내가 하고 있는 분야에서도 조금씩 빛을 보게 되었다. 금융 분야의 일을 할 때 관련 분야의 책을 열심히 읽자 사람들이 내게 궁금한 점을 물어보았고, 이것이 계기가 되어 회사 교육부에 스카우트되어 신입사원들과 경력사원들에게 금융을 가르치기도 했다.

주식 투자와 부동산 경매 투자를 하기 위해 읽었던 책들은 여전히 많은 부분에서 부족하지만 투자를 할 수 있는 토대를 마련해주었고, 이미 투자를 했던 사람들의 글을 읽으며 그들을 모방할 수 있게 되었다. 결국《소액 부동산 경매 따라잡기》와《후천적 부자》라는 책을 출판사를 통해 출간하기도 했다.

이처럼 책을 통해 내 인생에 많은 변화와 기회가 다가왔다. 책을 읽을 때만 해도 나에게는 이런 날이 올 것이라 생각하지도 못했고, 책 읽기를 좀 더 잘하기 위해 시작한 리뷰가 내적 성장은 물론 외적 성장을 가져다주었다.

본격적으로 책을 읽기 시작한 지 이제 12년이 되었고, 리뷰를 쓰기 시작한 지는 6년의 시간이 흘렀다. 그동안 예스24 파워문화블로그와 인터파크 파워북피니언에 선정되었고, 요즘은 여성포털인 이지데이와 인터넷 신문 인사이트, 한국언론진흥재단에서 운영하는 다독다독에 책과 관련된 글을 기고하고 있다. 또 2013년 네이버 책 분야 파워블로그로 선정되기도 했다.

이런 결과들 때문에 사람들이 어떻게 책을 읽게 되었는지, 책을 왜 읽는지, 책을 읽는 것이 어떤 의미인지, 그리고 주로 어떤 책을 읽는지와 책 읽는 방법에 대해 많은 질문을 해 오는 것이 사실이다. 그래서 이런 질문에 대한 내 나름대로의 답변을 이 책에서 가감 없이 알려드리고자 한다.

또한 수없이 많은 책 중에 어떤 책을 골라야 하는지에 대한 방법과 큰 돈을 들이지 않고 책을 읽을 수 있는 방법에 대한 내용도 담았다. 또한 책읽기와 결부된 리뷰에 대해서도 그 유용성과 혜택에 대해서 썼다. 책 읽기보다 더 어려운 것이 리뷰 쓰기라 할 수 있는데 어떻게 접근할 수 있을지에 대해서도 이야기했다.

지극히 평범한 나도 책을 만나 정말 많은 것을 얻게 된 것처럼 이 책을 통해 책이 당신의 삶에 변화를 일으켜 주기를 바란다.

제1부

책을 읽고
깨닫고

책을
왜 읽을까?

1

정말로 책을 왜 읽을까? 한 해에 한 권의 책도 읽지 않는 사람도 많지만, 한 해에 몇백만 원어치의 책을 구입하는 사람들도 있다. 인터넷 서점을 통해 일반인의 월급 정도를 구입하는 사람들도 있고, 개인 서재에 몇천 권을 보유하고 있는 사람들도 있다. 그런 사람들은 도대체 왜 그토록 엄청난 돈을 지불하면서 책을 구입하는 것일까? 움베르토 에코의 서재에는 벽이 온통 책으로 가득 차 있는데 그가 과연 그 책을 다 읽었을까? 아마도 몇백만 원어치 책을 구입한 사람 모두가 반드시 구입한 책 전부를 읽지는 않을 것이다.

생각해 보면 책을 많이 읽는 사람은 그나마 중독 중에서도 바람직한 쇼핑 중독이라고 할 수 있을 듯하다. 좋은 책이라고 생각되면 일단 구입하게 되는 것이 책 쇼핑 중독의 특징이다. 이 책 저 책을 보다 보면 마구 사고 싶은 욕구가 생겨 자꾸만 사게 되고 결국은 쇼핑 중독이 돼 버린다. 그러나 쓸데없는 물건을 마구 사는 것보다는 이왕 중독이라면 책 쇼핑 중독에 걸리는 것이 어딘지 모르게 고상해 보이기는 한다. 그런데 많이 사다 보면 구입은 했는데 읽어야 할 우선순위에서 밀려나 어느새 구입한 지 1년이 넘도록 못 읽고 쌓아 놓는 책도 많아지게 마련이다. 그래도 쌓여 있는 책을 보며 흐뭇한 마음이 드는 것은 어쩔 수 없다.

그런데 생각해 봐야 할 문제는 몇백만 원어치의 책을 구입할 정도의 여력이 되느냐 하는 것이다. 월 100만 원 버는 사람이 몇백만 원어치의 책을 구입할 수 있지는 않을 것이다. 아마도 한 달 평균 20만 원 정도는 구입할 수 있을 것이다. 그래서 일반적으로 '책을 많이 구입하는 사람은 돈을 많이 버는가 보다'라고 생각할 것이다. 이것은 엄청난 평균의 오류이자 전제 자체가 잘못된 것일 수 있지만 그래도 충분히 그럴듯한 이야기다. 꼭 필요한 물건도 아니고 읽고 나서 더 이상 필요가 없으면 기껏해야 폐휴지가 될 가능성이 큰 책을 한 달에 몇십만 원어치 구입할 정도면 최소

500만 원 이상의 월소득자일 것이다.

일본에는 전문가를 뛰어넘을 정도로 한 분야에 푹 빠져 사는 사람들이 있는데 이들을 오타쿠라고 한다. 이들은 취미생활이 취미를 넘어 자신의 인생과도 같기 때문에 취미생활에 수입의 거의 전부를 쏟아붓지만 그래도 결국은 자신의 수입에 대비해서 지출할 수밖에 없다. 나는 독서를 결코 취미라고는 생각하지 않지만 독서 생활을 위해 월수입이 300만 원 미만인 사람이 책 구입을 위해 그렇게 엄청난 지출을 하기는 힘들지 않을까 라고 생각한다. 사실 돈을 많이 벌기 때문에 책을 그렇게 많이 구입하는지, 아니면 책을 많이 읽다 보니 돈을 그렇게 많이 벌게 되었는지는 모르겠지만 어느 정도 관계가 있지 않을까 라는 생각도 든다.

책 읽기를 돈과 연결시킨다는 사실에 거부감이 들고 천박하다고 생각하는 사람들도 있을 것이다. 일반적으로 책 읽는 모습을 보면 고상해 보이기도 하고, 특히 내용이 어려운 책을 읽는 모습을 보면 어딘지 있어 보이기까지 하는 것이 사실이다. 그런데 한 가지 생각해 볼 만한 사실이 있다. 사람들에게 존경받는 인물 중에 의외로 가난한 사람이 드물다. 그들은 대체로 먹고살기 위해 아등바등하며 살지는 않는 것처럼 보인다. 무엇으로 먹고사는지는 모르지만 적어도 내가 보기에는 그렇다.

그런 사람들이 텔레비전이나 신문 등을 통해 인터뷰하는 모습을 보면—물론 남들에게 보여 주기 위한 설정일 수도 있지만—대체로 뒤의 배경에 책이 한가득 놓여 있다. 나는 그런 사람들의 인터뷰를 볼 때면 언제나 그 뒤편에 놓인 책들이 어떤 책들인지 유심히 살펴본다. 그리고 발견한 한 가지 사실은 대부분 자신의 전문 분야와 관련 있는 책이 많다는 것이다.

내 경우에는 사실 돈을 벌자는 목적으로 책을 읽기 시작했다. 생각해 보면 어릴 때부터 남들보다 책을 조금 많이 읽기는 했지만 남들이 한 권 읽을 때 두세 권 읽는 정도였지 지금처럼 매월 최소 열 권 이상씩 읽었던 것은 아니다. 그것도 99퍼센트가 소설이었다. 그러다 결혼을 하고 아이가 생기면서 돈을 벌지 않으면 안 되는 상황에 놓였지만 할 줄 아는 일이 없었다. 그러던 중 돈을 벌기 위해 가장 쉽게 할 수 있는 일이 내게는 책 읽기였다. 돈을 벌려면 일을 하거나, 사업을 하거나, 투자를 해야 했지만 문제는 나에게는 그 어떤 것도 쉽지 않은 데다가 도대체 무엇을 어떻게 해야 할지 전혀 알 수가 없었다. 시중에는 갖가지 강의 프로그램이 있었지만 나는 돈이 없었던 관계로 들을 수 있는 강의도 드물었고, 그 당시에는 지금처럼 좋은 강의가 많지도 않았다. 그리고 투자라는 개념이 막 알려지기 시작한 때여서 투자가 쉬운 일도 아니었다.

그런데 내용은 잘 몰라도 제목을 보면 괜히 무엇인가 될 수 있는 분위기를 물씬 풍기는 책들이 있었다. 그래서 본격적으로 책을 읽기 시작했다. 처음 책을 읽기 시작했을 때는 어떤 책이 좋은지 또는 나쁜지 판단할 능력도 되지 않았고, 어떤 내용이 살이 되고 피가 되는지 파악도 되지 않았다. 그래서 주로 책 제목이 끌리면 선택했고, 인터넷을 찾아보고 사람들이 추천하는 책을 읽었다. 누가 추천할 정도라면 읽어서 손해볼 이유는 없다고 생각했기 때문이다.

어디선가 투자를 하기에 앞서 자신을 다스리는 것이 중요하다는 이야기를 듣고 투자 관련 서적보다는 주로 자기계발서를 읽었다. 브라이언 트레이시, 나폴레온 힐, 데일 카네기, 지그 지글러, 존 맥스웰 등의 책을 상당히 많이 읽었는데 사실상 큰 도움을 받았다. 이런 책들을 읽으면서 나 자신에 대해 생각하고 투자를 하는 것이 중요한 것이 아니라 그보다 중요한 것이 있다는 사실을 서서히 알게 되고 고민할 수 있었기 때문이다. 그전까지 별생각 없이 살던 나에게 책 읽기는 고민하고 생각하는 힘을 길러준 것이다. 그러면서 내 삶도 조금씩 발전할 수 있었다.

그 후로 투자 관련 책들을 읽기 시작했는데 투자 방법을 알려주는 책들은 어느 정도 읽으면 거의 다 비슷한 내용을 말하고 있었다. 그래서 언제부터인가 대부분 알고 있는 내용이어서 이런 류의 책은 점차 멀리하게 되었다. 투자라는 것이 직접 실천하고 적용해야 될 일이지 책만 읽는다고 될 것은 아니라는 점을 깨달았기 때문이기도 하다. 그래서 그간 책을 읽고 익힌 내용들을 바탕으로 직접 투자를 시작했다. 누군가에게 직접 배운 것은 아니어서 가는 길이 시간이 많이 걸리고 제대로 가는 것인지 알 수도 없지만 아무튼 아직까지 살아남았다.

그렇게 책을 읽다 보니 자연스럽게 읽고 싶은 분야가 넓어졌다. 어느덧 책 읽기는 내 습관이 되었고, 투자로 돈을 버는 것은 기술이 아니라고 생각되면서 차라리 세상을 보는 지혜가 돈을 벌 수 있는 능력에 가깝다는 생각이 들었다. 문제는 그 세상을 바라보는 지혜가 너무 방대해서 쉽게 얻을 수 없다는 것이다. 그래서 지금도 여전히 지혜를 얻기 위해 노력하고 있는 중이다.

아무튼 그렇다면 나는 본격적으로 책을 읽기 시작한 10년 전과 비교해 달라졌을까? 최소한 매년 100권의 책은 읽었으니 1,000권의 책은 읽었는데 나름의 발전이 있었던 것은 사실이다. 10년 전에 비하면 읽은 책의 권수는 비교도 되지 않을 만큼 많아졌고, 투자도 직접 하고 있으며, 독서를 통해 세상을 바라보는 작은 지혜도 생겼다. 그리고 자산도 예전에 비해 꽤 늘어났다.

이 모든 것의 시작은 사실상 책을 읽기 시작한 그 순간부터였다. 크게 성공한 사람들과 비교하자면 보잘것없지만 나에게 있어 책 읽기는 처음에는 순전히 돈을 벌기 위한 수단이었고, 지금도 돈을 벌기 위해 책을 읽고 있다. 다만 지금은 지식에 대한 추구도 추가되었다. 그러나 아직까지는 돈을 벌기 위한 목적이 더 큰 것이 사실이다.

나는 돈 때문에 책을 읽기 시작했고 지금도 그렇지만 문제는 남들은 10년 열심히 일해 10억 목표를 달성해 경제적 자유를 이루었다고 하는데 나는 책을 너무 많이 읽어서 그런지 그 시기가 늦어지는 듯하다. 역설적이게도 돈을 벌기 위해 책을 읽었는데 책을 읽다 보니 돈을 버는 것보다 인생을 어떻게 살 것인가에 대해 더 많이 고민하게 되고, 그러다보니 균형 있는 삶을 추구하게 되고, 조금 늦어도 지금 누릴 수 있는 것을 희생하면서까지 돈을 추구하지는 말자는 생각에 이르렀다.

아무튼 나는 책을 읽은 만큼 자산이 늘어난다는 믿음을 갖고 지금도 열심히 책을 읽고 있다. 앞에서 잠깐 움베르토 에코가 수만 권의 책을 갖고 있다고 언급했는데, 그는 자신의 집에 있는 그 많은 책을 다 읽었다고 한다. 그가 누구도 따라갈 수 없을 정도로 박식하고, 크게 성공할 수 있었던 것은 결국 그 많은 책의 덕분이라 할 수 있을 것이다.

책 읽기가
정말 도움이 될까?

2

부모들은 자녀에게 책을 읽으면 인생에 도움이 되니 책을 많이 읽으라고 가르친다. 그럼 한번 생각해 보자. 책을 읽으면 정말로 도움이 될까? 안 읽는 것보다는 도움이 된다는 사실은 굳이 증명하려 애쓰지 않아도 상식적으로 알 수 있을 것이다.

반면 이렇게 말하는 사람도 많다. "백날 책만 읽으면 뭐해! 책 읽을 시간에 한 사람이라도 더 만나고 현장에서 뛰는 것이 백번 낫지. 책을 통해 배운 지식은 죽은 지식일 뿐이야. 현실에서는 적용하기도 힘들고 다 쓸데없는 짓이지." 만약 이런 말을 하는 사람이 그저 그런 사람이라면 별로 와 닿지 않겠지만 성공한 사람이라면 얘기는 전혀 달라진다.

요즘 '독서를 좋아하는 CEO들은 어떤 책을 읽었나', '책을 통해 경영에 어떻게 접목했나' 하는 식의 책이 많이 나오고 있다. 나는 이런 유의 책을 낼 정도의 CEO라면 인격적으로도 훌륭하고 기업경영도 잘하고 있을 거라고 생각해 그 기업들의 재무제표를 비롯한 정보를 조사한 적이 있다. 그런데 조사한 결과 그런 기업들이 의외로 매출이나 주가가 썩 좋은 것은 아니었다. 나는 가치투자를 하는 사람이어서 독서를 열심히 하는 CEO라면 그 기업의 현재 주가가 낮아도 제반사항이 좋다면 저가에 매수할 수 있는 기회라고 생각해 그 기업의 관련 자료를 열심히 들여다보았다. 그런데 시장에서 평가받고 있는 주가도 그렇고 매출을 비롯한 전망도 딱히 좋아 보이지 않아 그냥 포기했던 경험이 있다.

참 이상하지 않은가? 책을 읽으면 도움이 된다고 하는데 왜 책을 많이 읽는 CEO로 선정되어 소개가 되었는데도 그 기업은 그럴까? 한편으로는 그 기업의 대표가 정말로 책을 많이 읽기는 하는 것일까 라는 의심까지 들었다. 솔직히 그런 책들은 실제와는 상관없이 어느 정도는 회사 홍보와 CEO의 업적을 선전하는 측면이 있는 것도 사실이다.

나는 개인적으로 열심히 책을 읽는 편이지만, 누군가 "그렇게 책을 읽으면 도움이 됩니까?"라고 묻는다면 자신 있게 "그렇다"라고 대답하기는 어렵다. 심지어 하루 종일 읽는 것이 투자활동의 대부분이라고 하는 워런 버핏마저 책 읽는 것만으로 부자 순위를 정한다면 도서관 사서들이 상위권을 다 차지하고 있을 거라고 말했다. 물론 도서관 사서들은 책 읽는 일보다 다른 할 일이 많기 때문에 책을 생각보다는 많이 읽지 못한다고 한다.

최근 책으로 일가를 이뤘다고 할 만한 성공인의 대표적 인물로는 박경철 씨와 안철수 씨를 꼽을 수 있다. 박경철 씨의 경우에는 책을 통해 세상에 대한 혜안을 얻었다고 해도 과언이 아닐 듯하다. 물론 책을 많이 읽어서 성공한 것은 아니겠지만 그들이 성공하는 데 책이 큰 역할을 한 점은 부인할 수 없을 것이다.

나도 내 인생에서 책의 도움을 많이 받았기에 몇 가지를 이야기해 보겠다.

나는 아이들에게 용돈 기입장을 쓰게 한 후에 그에 따라 용돈을 지급한다. 최근에는 원하는 용돈과 그 이유에 대해 글로 쓰게 한 적도 있는데 이것은 읽었던 책들에서 참고해 아이들에게 실천한 것이다. 나는 현재 주식 투자와 부동산 투자를 하고 있는데 이러한 투자를 하는 데 있어 스승이라고 할 만한 사람은 없다. 누군가의 강의를 듣거나 개인 교습을 받아 본 적이 전혀 없다. 단지 여러 책을 읽고 또 읽은 후에 스스로 시행착오를 거치며 투자를 하고 있다.

　주식이야 그렇다 쳐도 부동산 투자가 책만 읽어서 가능한지 의문을 던지는 사람이 있을 것이다. 당연히 주식이나 부동산이나 그 어떤 것도 책만 읽어서 가능한 일은 없다. 다만 우리는 책을 통해 간접경험을 하게 된다. 스포츠 선수들이 직접 운동을 하지 않고 이미지 트레이닝만으로도 비슷한 상황에서 이미지 트레이닝을 했던 대로 몸이 움직이는 것처럼, 책을 계속해서 읽으며 간접경험을 통해 머릿속에 정리한 후 직접 투자를 한 결과 현실은 책에 나온 상황과 거의 비슷하게 펼쳐져 자연스럽게 대처할 수 있었던 경우가 매우 많았다.

　최근에는 한 지인이 내게 사업제안서를 갖고 와서 검토해 달라고 부탁했다. 사업제안서를 살펴보니 사업의 내용은 괜찮았다. 이미 유명한 기업과 협력하기로 계약까지 한 상태였다. 그런데 문제는 보여 준 모든 것이 이미지뿐이었다는 점이다. 미래에 대한 청사진은 훌륭했지만, 숫자로 보여줄 수 있는 구체성이 없었다. 숫자도 객관적인 것이 아니라 본인이 생각하는 수치일 뿐이었다. 경영에서 숫자는 전부라고 해도 과언이 아니다. 나는 경영이라는 것을 해 본 적은 없지만《경영학 콘서트》라는 책을 통해 그 중요성을 분명히 알고 있다. 그래서 그에게 무엇이 문제인지 조언을 해주었고, 그는 무엇이 부족했는지 깨닫게 되었다. 사람들이 계속해서 관심만 갖고 투자 참여를 하지 않아 고민 중이었는데 왜 그런지 알겠다고 말했다.

이 모든 것을 나는 책을 통해 배우고 알게 되었다. 책에 나온 사례는 이미 과거의 것이고, 죽어 있는 이론일 수 있다. 직접 몸으로 부딪히며 배운 경험과 지식은 몸에 새겨져 있어 그 자체로 소중한 자산이 된다. 그렇게 성공한 사람들도 나중에는 다시 배우려고 노력을 한다. 한계상황에 맞닥뜨리면 이전에는 이론에 불과하다고 무시하던 것을 배울 필요가 있다는 사실을 몸으로 깨달아 배우려고 하는 것이다.

가끔 "책만 읽는다고 무슨 도움이 되나요?"라고 말하는 사람을 만나면 그런 말을 할 정도로 책을 읽기는 했는지 묻고 싶다. 정말로 책을 많이 읽는 사람이라면 그런 말조차 하지 않을 게 분명하다.

이처럼 책은 내게 큰 성공은 아니어도 살아가면서 많은 도움을 주었고 주고 있는 것이 사실이다.

책 없는 방은 영혼 없는 육체와도 같다.

－키케로

책에서 투자의 방향성을 캐낸
워런 버핏

세계의 최고 부자 순위에서 최근 10년 넘게 3위 이상을 벗어난 적이 없는 워런 버핏은 어릴 때부터 돈 버는 것에 엄청난 재능을 보였다. 겨우 여섯 살에 콜라를 팔아서 돈을 벌었다. 똑똑하기로는 둘째가라면 서러워할 정도였던 워런 버핏도 어린 시절에 도서관에 있는 경제 관련 서적을 다 읽을 정도로 책을 통해 지식을 쌓았다.

그가 읽은 많은 경제서적 중에서도 《천 달러를 버는 천 가지 방법》이라는 책은 그에게 큰 영향을 미쳤다. 그는 이 책을 통해 사업을 하는 다양한 방법을 배웠고, 서른다섯 살까지는 백만장자가 되겠다는 목표를 세운다. 막연히 돈을 많이 벌겠다고 꿈꾸는 어린아이에서 사업가로서의 구체적인 목표를 갖게 되는 계기가 된 것이다. 그는 이후 본격적으로 투자자의 길을 걷게 된다.

그는 어릴 때부터 신문배달이나 핀볼게임 사업을 통해 돈을 모아

주식투자를 했다. 누나의 돈까지 함께 투자했으나 투자라는 것이
생각과는 다르게 진행된다는 사실을 경험을 통해 깨닫게 된다. 그
래서 주식투자에 관한 여러 책을 읽지만 차트를 거꾸로 놓고 봐도
똑같다는 것을 깨달은 그는 벤저민 그레이엄의 《현명한 투자자》를
읽고 가치투자를 알게 된다.

주식 투자에서 중요한 것은 기업이라는 실체이며 가치에 비해 싼
주식을 찾아 매수하고 제 가치를 찾을 때까지 기다리면 수익이 난
다는 사실을 배우게 된 워런 버핏은 이를 투자에서 실천해 40년
넘게 연평균 20퍼센트의 기적적인 수익을 얻는 위대한 투자자가
된다.

이처럼 올바른 책의 선택은 올바른 투자의 길을 가도록 이끌어 주
는 나침반이 되어 준다.

책을 통해
무엇을 얻게 되는가?

—
3
—

책 읽기는 누구에게나 도움이 되고 훌륭한 소일거리 중 하나라고 생각한다. 그런데 책 읽기가 큰 위험이 될 수도 있다. 만약 인생에 있어 딱 한 권의 책을 읽는다면 이것은 큰 위험을 초래할 수 있다. 어떤 사람은 쓰레기 같다고 욕하는 책도 누군가에게는 그 책이 인생에 전환점이나 변화를 가져다줄 수 있다. 이것이 바로 책의 힘이다. 그러나 만약 딱 한 권의 책만 읽고 세상의 모든 것을 바라본다면 오히려 위험하다는 뜻이다.

A는 B가 될 수도 있고, C가 될 수도 있고, D 또는 E 등으로 다

양하게 될 수 있음에도 불구하고 책을 통해 A는 B라는 것만 알게 된 사람은 세상을 편협한 시각으로 바라보게 되어 차라리 책을 안 읽는 것보다 못한 결과를 초래할 수 있다. 사실, 책을 읽는 것은 그 반대를 깨닫기 위해서인데도 말이다.

우리는 책을 통해 우리가 알고 있는 것이 반드시 진실이거나 사실이 아니라는 점을 알게 되고, 우리가 보는 것과는 다른 측면에 대해 읽을 수 있는 시각을 갖게 된다. 바로 이런 이유 때문에 책을 읽게 되고 또 읽어야 한다. 물론 세상에는 인간은 태어나서 죽는다는 것과 같이 부정할 수 없는 진리가 존재하기도 한다. 그러나 이런 사실은 극히 드물다. 대부분의 것이 얼마든지 다른 측면으로 바라볼 수 있고 충분히 다른 의견들이 존재할 수 있다.

중세 이전의 사람들은 지구가 평평하다고 생각했다. 그래서 바다 저 멀리 지평선까지 가면 평평한 지구에서는 결국 떨어져 죽고 만다고 여겼다. 그러나 연구 결과 지구는 평평한 것이 아니라 둥글다는 사실을 알게 되었다. 정확하게는 타원형에 가까운 모습이라는 사실도 알게 되었지만 여전히 지구가 평평하다고 믿는 부류들이 있다. 그들은 자신의 웹사이트를 통해 자신들은 지구가 평평하다고 믿고 있으니 이것에 동조하지 않는 사람들은 자신들의 웹사이트에 접근하지 말라는 문구까지 써 놓았다.

누군가에게는 사실이고 진리이지만, 누군가에게는 결단코 동의할 수 없는 사실이 있다. 혼자서 면벽수련을 한다고 이 세상의 모든 진리를 깨닫고 파악할 수는 없다. 그나마 과거처럼 수백 년이 흘러도 인류의 발전이 극히 미미할 때는 가능했을지 몰라도 지금처럼 1년만 지나도 세상이 급속도로 변화하는 세상에서 살고 있는 우리가 현재 벌어지고 있는 모든 것을 깨닫고 그 원리를 파악하기란 거의 불가능하다.

처음 접하는 분야의 책을 읽을 때 가장 힘든 점은 쉽게 읽히지 않는다는 것이다. 분명히 내가 알고 있는 한글로 되어 있고 읽을 수도 있는데 글자가 제대로 내 머릿속에 들어오지 않는다. 가장 좋은 방법은 관련 분야의 책을 집중적으로, 연속적으로 읽는 것이다. 읽으면서 머릿속에 들어오는 것도 있고, 전혀 남지 않는 것도 있을 것이다. 그렇다 해도 이처럼 반복해서 처음부터 끝까지 몇 권의 책을 읽게 되면 어느 순간부터 읽고 있는 책의 내용이 조금씩 들어오는 체험을 하게 된다.

이러한 체험을 통해 몰랐던 분야의 내용을 조금씩 알게 되고, 과거와는 다른 나로 바뀌게 되는 것이다. 같은 분야의 책을 계속 읽다 보면 어느 순간부터 읽고 있는 책의 내용이 거의 비슷하다는 사실을 깨닫게 된다. 그것을 경험하게 되는 사람은 속독을 하는 것처럼 300페이지 가까이 되는 분량의 책을 1시간 만에 읽을 수 있게 된다. 책에서 문구 하나, 문장 하나가 전부 중요한 것은 아니기 때문에 빠르게 읽으면서 모르거나 새롭게 보이는 부분을 좀 더 집중해서 읽으면 충분히 가능하다.

꽤 많은 독서가가 이런 방법으로 많은 책을 섭렵하는 것을 볼 수 있다. 비슷한 내용의 책일지라도 한 권의 책에서 우리는 최소 한 다른 책과는 다른 5퍼센트 정도의 다른 내용을 접하게 된다. 이런 이유로 읽기도 하지만 자신의 전공 분야가 아닌 다음에는 읽은 후 시간이 꽤 지나면 까먹는 경우가 많아 다시 기본을 닦는다는 생각으로 읽게 된다.

그리고 신기하게도 책을 읽으면 잡념이 사라진다. 책을 읽을 때 책 내용과는 전혀 상관없는 생각이 갑자기 번뜩하고 떠오를 때가 있다. 자신이 읽고 있는 책 내용과는 어떤 연관성이 없음에도 떠오르는 생각이 있는데 이런 생각들은 사실 아무런 이유 없이 떠오르는 것이 아니다. 평소에 그것을 생각하고 있거나, 고민하고 있거나, 궁금해하고 있었기 때문에 전혀 관련이 없다고 생각한 책에서 힌트를 얻어 자신도 모르게 연관되어 떠오르게 되는 것이다.

이러한 경험을 몇 번 하게 되면 책을 읽는 것이 단지 새로운 지식을 알게 되거나 흥미 있는 내용을 알게 되는 것을 넘어 자신의 인생에 조금씩 영향력을 발휘하게 된다는 사실을 깨닫게 된다. 무엇인가를 결정하는 데 있어 망설이고 있거나 결정을 못하고 있는데 문득 책을 읽다가 결정을 내리게 되거나 뜬금없이 '맞다! 그때

그렇게 한 행동은 이런 이유로 잘못되었구나!'라는 생각도 하게
된다.

　재미있는 점은 투자에 관련된 문제가 전혀 상관없는 소설책을
읽다 해결되는 경우도 있다는 것이다. 투자도 결국 사람이 하는
일이므로 아마도 소설에 나오는 인간 군상의 이야기를 읽다 자신
도 모르게 연관된 무엇이 감각을 건드려 그렇게 되는 것이 아닌가
싶다. 물론 정말로 고민이 많고 힘들 때는 책을 읽어도 눈에 들어
오지 않고 머릿속에 들어오지 않아 자신도 모르게 내용을 알지도
못하고 몇 페이지가 그냥 넘어가는 경우도 있다. 이럴 때는 잠시
책을 덮어 두는 것이 좋다.

　사실, 책을 읽는 것보다 더 중요한 것은 생각을 하는 것이다.
나는 책을 읽으면서 굳이 생각하려고 하지는 않는다. 책을 읽고
머릿속에 남는 것이 있으면 그것으로 만족하고, 전혀 모르면 모르
는 대로 다음 책을 읽는다. 다음 책에서 그 전 책에서 몰랐던 부분
을 알게 되기도 하고, 또다시 새롭게 모르는 부분도 생긴다. 내가
그렇게 하는 이유는 무엇인가를 꼭 얻으려는 목적을 갖고 책을 읽
으면 오히려 책을 읽는 행위가 힘들어질까봐 그렇다.

　그런데 굳이 생각하려 하지 않고 무엇인가 꼭 얻거나 깨달으려
하지는 않아도 계속 책을 읽다 보면 어느 순간 나도 모르게 새롭
게 알게 되는 것이 생긴다. 아마도 일부러 생각하려고 하지는 않

지만 무의식적으로 지식이 내 머릿속에 차곡차곡 쌓여 결국 생각을 하게 만드는 듯하다. 계속 무엇인가를 머릿속에 넣다보니 머리에 저장되어 있는 지식들이 서로 연결되며 생각으로 교환되거나 치환되어 나오는 것은 아닐까?

때로 책을 읽다 저절로 책을 덮고 생각을 하게 되는 경우도 있다. 책 내용과 관련된 것으로 인해 그렇게 되는 경우도 있지만, 그보다는 지금 벌어지고 있는 사건이나 생각하고 있는 것들이 아무런 연관도 없는 책을 읽다 문득 떠올라 저절로 책을 덮고 좀 더 집중해서 생각을 하게 되는 것이다. 가끔은 의도하지 않게 현재 생각하거나 고민하는 것과 연관된 내용이 책에서 나와 힌트를 얻어 나도 모르게 책에서 빠져나와 무엇인가 골똘히 생각하는 경우도 있다. 이렇게 보면 책을 통해 계속해서 쌓이는 지식이 어느 순간 지혜로 바뀐다는 생각이 든다.

책을 어마어마하게 많이 읽어야 할 필요는 없다고 생각한다. 자신에게 맞는 책과 양을 읽으면 그것이 정답이다. 책을 많이 읽게 되면 좋은 점은 굳이 생각이라는 것을 하지 않으려고 해도 자신도 모르게 생각을 하게 된다는 점이다. 생각한다는 것은 무엇인가 깨닫거나 얻는 것이 있다는 뜻이다.

별 차이가 아닌 듯싶어도 생각을 하며 사는 것과 생각을 하지 않으며 사는 것은 시간이 갈수록 큰 차이를 보이게 된다. 그렇다고 억지로 생각하라는 말은 아니다. 책을 읽다 보면 어느 순간 저절로 생각하는 자신을 발견하게 된다. 우주 삼라만상의 원리를 깨달을 필요는 없지만 자신이 살아가는 데 도움이 되는 정도만 깨달아도 인생을 살아가는 데 엄청난 힘이 되는 것은 분명한 사실이다.

책을 많이 읽으면
좋은 걸까?

4

책을 많이 읽는다는 기준은 도대체 몇 권일까? 열 권을 읽어도 많이 읽는다는 소리를 듣는 사람도 있을 것이고, 1년에 200권은 읽어야 책 좀 읽는다고 생각하는 사람도 있을 것이다. 또 1년에 몇백 권을 읽는 사람들도 있다. 도서관에 가면 하루 종일 책을 읽는 사람들도 있다. 나는 가끔 도서관에 가는데 그때마다 자리에 몇 권씩 책을 쌓아 놓고 있는 사람을 본 적이 있으니 그 사람에게는 그것이 아마도 생활일 것이다.

미션 중에는 '1일 1독', 즉 하루에 책 한 권을 1년 동안 읽어

365권을 읽는 방법이 있다. 하루에 한 권을 매일 읽는 일은 해 보면 누구나 알겠지만 결코 쉽지 않다. 매일 빼먹지 않고 책을 읽기 위해서는 강인한 정신력과 의지가 있어야 하고, 그것이 하나의 습관처럼 되어야 한다.

물론 몇 년 만에 몇천 권의 책을 읽은 사람들도 있다. 그런 사람들의 이야기를 들어 보면 모든 책을 전부 정독한 것은 아닌 듯하다. 정독하는 책도 있지만 속독식으로 책을 술술 읽으면서 중요한 부분만 좀 더 집중해서 읽어 하루에 몇 권, 또는 몇십 권을 읽는 것으로 보인다. 책을 많이 읽는 사람이 아니라면 이런 방법이 쉽지 않지만 책을 많이 보는 사람의 경우에는 충분히 가능한 방법이다.

우리가 읽는 책은 출판되어 있는 책 중에 극히 일부분에 속한다고 할 수 있다. 우리나라를 넘어 전 세계를 놓고 볼 때 하루에도 어마어마한 책들이 쏟아져 나오고 있다. 그나마 다른 나라에서 베스트셀러가 되거나 유명한 사람의 책은 번역되어 우리나라에 소개되지만, 그렇지 않은 책들은 알지도 못한다. 만약 국내에서 출판되는 책들을 다 읽었다고 하는 사람이 있다면 그는 분명히 거짓말을 하고 있는 것이다. 하루에 몇십 권을 읽어도 도저히 따라잡을 수 없을 정도로 책이 많이 나오기 때문이다.

다소 어려운 인문서나 작가의 상상력에 따라 무궁무진한 세계가 펼쳐지는 소설과 같은 책들은 읽는 책마다 모두 다른 이야기를 전개하기 때문에 속독법과 같은 방법으로 읽는 것은 적합하지 않다고 본다. 빨리 읽을 수는 있겠지만 책을 읽으면서 행간의 의미를 파악하는 것이 아니라 그냥 넘어간다면 제대로 읽었다고 할 수 없다.

그러나 소위 실용서류는 어느 정도의 권수를 넘어서면 이 책에서 나온 이야기가 저 책에서도 나오는 경우가 많다. 특별히 저자만의 획기적인 이론이라면 모르지만 그렇지 않다면 거의 대부분의 책에서 이야기하는 내용이 비슷비슷하다. 그래서 이런 유의 책은 많이 읽다 보면 80~90퍼센트의 내용이 이미 알고 있거나 익숙해서 집중해서 읽지 않아도 될 경우가 있다. 이런 경우라면 훑어보며 읽으면 하루에 몇 권씩 읽을 수 있다.

나는 책을 읽을 때 정독은 아니더라도 첫 페이지부터 끝 페이지까지 빨리 읽으려고 하기보다는 '의미 파악'에 주력한다. 물론 나도 책 욕심이 많아서 책을 한 권이라도 더 읽고 싶은 욕심은 분명히 있다. 책을 읽는 사람들의 욕심 중의 하나는 더 많은 책을 읽는 것이다. 세상에 얼마나 많은 책이 있는지 생각해 보면 그 많은 책을 다 읽고 싶은 욕심은 이루어질 수 없는 욕망이기는 하다. 이 책도 읽고 싶고 저 책도 읽고 싶어 쌓아 놓은 책은 점점 늘어 가는데 책 읽는 속도는 한정되어 있어 갈수록 책이 쌓이는 경험은 다독가라면 한 번쯤 해 보았을 것이다.

개인적으로 더 많은 책을 읽으려고 노력하고 책 욕심도 많지만 꼭 책을 많이 읽는 것이 좋다고는 생각하지 않는다. 많이 읽으면 좋은 점은 있겠지만 그보다는 한 권을 읽더라도 책 내용을 완전히 소화하는 것이 더 중요하다고 생각한다.

한 권을 읽고 많은 생각을 하는 것도 좋지만 내 경우에는 책을 읽으면서 많은 생각을 하는 편이 아니어서 특별히 어떤 생각을 하기보다는 단지 쉬지 않고 다양한 책을 읽어 나갔다. 한 권의 책을 읽고 또 읽는 것도 좋은 방법이지만 나는 반복해서 읽으면 쉽게 질리는 성향이어서 차라리 비슷한 책을 골라 계속해서 읽었다.

그런데 신기하게도 굳이 생각을 하려고 하지는 않았는데 책을 계속 읽다 보니 어느 순간부터 저절로 생각이 머릿속에 생기기 시작했다. 책을 읽으면서 이런 것을 얻어야지라고 생각을 한 적도 없고, 그 책을 통해 새로운 지식을 쌓겠다고 의도하지도 않았지만 읽는 책이 하나씩 늘어 가자 어느 순간 생각이 저절로 되었다.

사실 나는 '1일 1독'과 같은 미션을 반대한다. 책을 읽는 것은 누구에게 보여 주기 위한 퍼포먼스가 아니기 때문이다. 그렇게라도 1년을 진행한 사람들은 엄청난 것을 얻는다는 이야기를 보기는 했지만, 그것은 진정한 독서는 아니라고 생각한다. 이런 말을 하는 나도 '1일 1독 1서평'을 꿈꾸기는 하지만 문제는 그 미션으로 인해 쉬운 책만 골라 읽을까봐 주저하게 된다. 독서라는 행위가 즐거운 시간이 되어야 하는데 단지 보여 주기 위한 퍼포먼스가 되어서는 안 된다는 것이 독서에 대한 내 나름의 철학이다.

책을 많이 읽으면 좋다는 사실은 부정할 수 없다. 그러나 책을 적게 읽어도 책을 통해 무엇을 깨닫거나 알게 되거나 얻게 된다면 그것이 더 좋은 일이라고 생각한다. 모든 것을 떠나 책을 읽는다는 것 자체는 분명 바람직하고 좋은 일이다. 그리고 가장 분명한 사실은 어떤 책이라도 읽게 되면 책을 읽고 있는 사람은 어제와는 다른 자신을 만나게 된다는 것이다.

이는 나를 부정한다는 말이 아니라 어제보다는 아주 눈에 보이지 않을 만큼이라도 성장하고 변한 나를 오늘 만나게 된다는 뜻이다. 비록 당장은 그 사실을 알아채지 못하고 알 수도 없지만 그런 과정이 쌓이고 쌓이면 어느 날 변화된 자신을 스스로 느끼고 주변 사람들도 느끼게 될 것이다.

책 속의 사상을 통해
새로운 세계를 만난 **백남준**

한국이 낳은 세계적인 아티스트 백남준은 어릴 때 책 읽기는 물론 피아노 치며 놀기를 좋아했다. 피아노와 작곡을 배우며 예술가의 길을 가던 백남준은 스물다섯의 나이에 인생 전체를 관통하는 운명적인 만남을 갖게 된다.

독일에서 유학을 하면서 전통 음악의 한계를 느끼고 있던 중 존 케이지를 다름슈타트 대학에서 만나게 된다. 이것은 그에게 있어 본격적인 예술의 시작이었다. 존 케이지는 그에게 자동차 소리와 같은 거리의 소음도 음악이 될 수 있고, 침묵조차도 음악이 될 수 있다고 알려 준다. 이를 통해 백남준은 단순히 귀로 들을 수 있는 것만이 음악이 아니라 보고 느낄 수 있는 것이어야 한다는 사실을 깨닫게 된다. 이러한 사상은 동양의 선불교 사상과 음양의 원리로 자연현상을 설명한 《주역》을 읽고 깨닫게 되었다고 한다.

　음악에서 출발한 백남준은 이후로 전방위적인 예술가로 변신한다. 그는 우리에게 익숙하고 친숙한 예술을 넘어 인간이 상상할 수 있는 한계를 뚫고 현재가 아닌 미래를 선보이는 예술행위를 보여줌으로써 세계적 명성을 얻었다.

　남들과 다른 시선과 상상으로 예술을 새로운 관점으로 볼 수 있게 해 준 백남준의 예술은 우주철학을 논한 《주역》에서부터 비롯된 것이다.

언제 책을 읽어요?

· 독서시간 ·

5

가끔 이런 질문을 받는다. "도대체 책을 언제 그렇게 읽어요?"

사실 책을 언제 읽는지에 대해서 생각을 해 보거나 책을 읽어야지라고 생각을 하고 읽은 적이 없어 대답하기가 막막할 때가 많다. 그냥 열심히 읽다 보니 언제부터인가 사람들이 내개 "책을 많이 읽는군요"라고 말하기 시작했다. 내가 1년에 120~150권 내외의 책을 읽는다고 하면 사람마다 반응이 제각각이다. "와~ 정말 많이 읽네요"라고 말하는 사람도 있고, "생각보다 많이 읽지는 않네요"라고 말하는 사람도 있다. 이것은 아마도 자신이 읽는 권수에 따라 나오는 반응일 것이다. 평소에 책을 많이 읽을 듯한 사람이나 관련 분야의 사람들은 일반적으로 생각보다 많이 읽지 않는다는 반응을 보이고, 일반인들은 많이 읽는다는 반응을 보인다.

"1년에 200권은 읽어야 한다"는 말을 많이 들어보았을 것이다. 사실 200권을 읽어야 한다는 별다른 이유가 있지는 않다. 아마도 성공한 사람들이나 소위 지식인들이 1년에 200권 정도는 책을 읽는다는 말을 해서 그런지도 모르겠다. 그러나 각자의 읽기 능력은 다르기 때문에 강박적으로 목표를 정해 놓고 읽을 필요는 없다. 또한 이는 정말 바람직하지 않은 일이기도 하다.

매스컴에서 우리나라 사람은 책을 안 읽는다는 기사를 많이 보도하는데, 실제로 나도 그것을 체감한다. 내 주변을 둘러봐도 책을 많이 읽는 사람은 많지 않다. 독서 모임에서 만나는 사람 모두 책을 좋아하고 책을 통해 세상을 보는 사람들이지만 한 해에 읽는 권수로만 따지자면 의외로 적다.

그래서 한 달에 10권 정도를 읽는 내 경우에는 "언제 그렇게 책을 읽나요?"라는 질문을 많이 받는다. 특히 처음 만나는 사람들은 내 손에 언제나 책이 들려 있다 보니 처음 꺼내는 이야기가 "역시, 책을 들고 계시네요"라는 말이다. 나는 가방을 들고 다니지 않아서 책을 손에 들고 다니는데 전철에서 멀뚱멀뚱하게 있는 것이 싫어 책을 갖고 다니면서 읽는다. 그러면 전철 안에서 책을 읽을 수 있는 시간을 꽤 확보하게 되어 많은 분량을 읽을 수 있다. 이런 자투리 시간을 잘 활용하면 절대로 시간이 없어 책을 못 읽는다는 말은 하지 않게 될 것이다.

주변에 책을 많이 읽는다고 소문난 사람들이나 책 블로거들의 글을 읽어 보면 공통점이 하나 있는데 그들은 대부분 집에 텔레비전이 없다는 사실이다. 일단 텔레비전이 없으니 할 일이 없어 둘 중 한 가지 일을 하게 된다. 즉, 컴퓨터(스마트폰, 패드)를 하거나 책을 읽는다. 물론 컴퓨터로 텔레비전 프로를 보는 사람들도 있지만 텔레비전에는 비할 바가 못 되기에 책을 선택하게 되는 경우가 많은 듯싶다. 이를 보면 환경이 중요하다는 사실을 확인할 수 있다. 그래서 한동안 거실에서 텔레비전을 치우자는 캠페인이 일어나기도 했었다.

생각해 보면 예전에는 텔레비전 있는 집이 별로 없었는데, 집에 텔레비전이 없으면 사람들은 책을 읽었다. 책만큼 시간을 보내기 좋은 도구가 없기 때문이다. 무협지 같은 경우 한 시간이 어떻게 지나갔는지도 모르게 훌쩍 지나가 버린다. 추리 소설도 읽다 보면 빠져들어 시간 가는 줄을 모른다. 무협지와 추리 소설을 좋아하는 사람은 이해하고도 남는 이야기일 것이다.

책을 정말로 많이 읽는 사람들은 따로 시간을 내서 책을 읽는다. 하루 일을 끝내고 집에서 조용히 혼자 책을 읽으며 상상의 나래를 펴기도 하고, 지적 호기심을 채우기도 한다. 편안한 주말에 아무도 만나지 않고 읽고 싶었던 책을 쌓아 놓고 하루 종일 읽는 사람들도 있다. 이렇게 되면 주말마다 2권씩만 독파해도 한 달이면 최소 8권을 읽게 된다. 그 밖에 주중에 틈틈이 시간을 내서 읽게 되면 한 달에 10권을 읽는 것이 어려운 일은 아니다. 그러나 이 정도면 책을 좋아하고 책 읽기가 습관이 된 독서가들의 생활이라고 해야 한다.

잘 생각해 보면 누구나 자투리 시간을 갖고 있다. 아침 출근과 퇴근 시간에 사람이 너무 많아 서 있기도 힘들 정도가 아니라면 자신만의 공간이 확보된다. 자동차를 몰고 다니는 경우가 아니라면 집에서 회사까지 갈 때, 회사에서 집까지 올 때 전철에서 보내는 시간은 제법 긴 시간이다. 대부분 30분 이상의 시간을 확보할 수 있을 것이다. 사실 이 시간만 모아서 책을 읽어도 한 달에 5권 정도는 읽을 수 있다. 실험에 의하면 너무 조용하면 오히려 집중도 잘 안 되고 책이 머릿속에 잘 들어오지 않고 적당한 소음이 있을 때 집중이 잘 된다고 한다. 전철은 크게 떠드는 사람이 있지 않다면 적당한 소음이 울려퍼지면서 집중하기에 좋은 공간이다. 나도 제일 집중이 잘되고 책이 잘 읽히는 공간이 바로 전철 안이다.

몸짱들에게 어떻게 그런 몸을 만들 수 있었냐고 물어보면 한결

같이 일부러 시간을 만들어서라도 운동을 한다고 대답한다. 시간이 나서 운동을 하는 것이 아니라 없는 시간을 쪼개서라도 운동할 시간을 만들어 몸을 만들고 유지한다는 것이다. 책을 읽는 일은 굳이 이렇게까지 따로 시간을 낼 필요는 없지만 바로 선택의 문제다. 전철을 타고 가면서 책을 읽을 것인지, 스마트폰으로 다른 것을 할지, 잠을 잘지에 대한 선택의 문제가 있다. 또는 약속 장소에서 사람들을 기다릴 때 책을 읽을 것인지, 스마트폰을 할 것인지, 멍하게 기다릴 것인지 말이다. 은행에 가서도 순서표를 뽑은 후에 기다리면서 은행 내부에 있는 잡지를 읽을 것인지, 내가 갖고 있는 책을 읽을 것인지는 선택의 문제다.

자신이 하루를 어떻게 보내는지 잘 살펴보면 아무것도 하지 않고 그냥 흘려보내는 시간들이 분명히 있을 것이다. 무엇인가를 하기에는 애매하지만 무엇이라도 할 수 있는 시간이 분명히 있다. 이런 시간에 책을 읽어 보라.

그러기 위해서는 한 가지 전제조건이 있다. 바로 책을 언제나 갖고 다녀야 한다는 점이다. 우리가 틈만 나면 스마트폰을 하는 이유가 무엇일까? 가장 큰 이유는 우리 손에 스마트폰이 들려 있기 때문이다. 다른 생각을 할 필요가 없이 스마트폰이 손에 있으니 가장 먼저 선택하게 되는 것이다. 스마트폰과 책이 함께 있다면 순간 고민을 할 수도 있다. 그러나 책을 많이 읽기 원한다면 그 순간 책을 선택해 보라.

　내가 책을 굳이 들고 다니는 이유 중에는 이런 이유도 포함되어 있다. 책을 들고 다니니 저절로 책을 보게 된다. 이때 스마트폰은 주머니에 들어 있다. 전철을 기다리면서 읽고, 전철을 타고 목적지까지 가면서 읽고, 약속장소에 도착해서 기다리면서 읽고 하는 시간만 해도 한 달에 한 권 이상의 책을 읽을 수 있는 시간이다. 책을 한 달에 꼭 열 권을 읽어야 할 이유는 없다. 틈틈이 생기는 시간에 우선적으로 책을 선택해 읽어도 읽게 되는 책의 양은 예전보다 훨씬 늘어나게 된다.

　나는 집에서 텔레비전을 보면서 책을 읽기도 하는데 솔직히 말하면 그다지 집중이 되지는 않는다. 귀를 막아도 들리고 눈을 감아도 보이는 텔레비전을 이길 방법은 없다. 나는 텔레비전 시청을 좋아해서 집에 들어가면 바로 텔레비전부터 켠다. 그럼에도 텔레비전을 보면서 책 읽는 것이 습관이 되어 버렸다. 텔레비전을 보며 책을 읽을 때는 전철보다 시간은 길어도 읽은 페이지는 적은 것이 사실이다. 재미있는 드라마를 보면서 읽게 되면 한 시간 동안 10페이지도 못 읽을 수도 있지만 매일 꾸준히만 해도 한 달이면 300페이지 정도는 읽게 되니 한 달에 한 권을 읽을 수 있다.

　나도 따로 시간을 내서 읽기도 한다. 도서관에 반납해야 할 날짜는 다가오는데 읽어야 할 책이 아직도 많이 남아 있다면 그때부터는 책 읽는 시간을 무조건 따로 낸다. 날씨가 따뜻할 때는 공원에 가서 읽기도 하고, 추운 날에는 독한 마음을 먹고 텔레비전을 끄고 음악을 틀어 놓고 읽기도 한다. 그렇지 않으면 도저히 시간 내에 읽지 못하기 때문이다. 이렇게 하다 보니 의식하지는 않았지만 한 달 평균 10권 이상은 읽게 되었다.

만약 바빠서 책 읽을 시간이 없다면 틈틈이 자투리 시간을 활용해서 읽을 것을 적극 추천한다. 그 시간만 잘 활용해도 어느 정도 책을 읽는 데 있어 부족함이 없을 것이다. 만약 책을 많이 읽고 싶은 욕심이 있다면 따로 시간을 내서 읽는 수밖에 없다.

책 읽는 게 힘들어요

• 독서능력 •

6

유명인들이 소개하는 책을 보면 나름 책을 읽는다고 하는 내가 봐도 부담스러울 때가 많다. 또 학교에서 발표하는 '청소년이 읽어야 할 목록 100권'이라든지 단체에서 발표하는 '성인이라면 꼭 읽어야 할 목록'들을 봐도 그 목록 중에서 내가 읽은 책의 권수는 한숨이 나올 정도다.

이렇게 되면 괜히 주눅이 들고 책을 읽는다는 이야기도 감히 하기 어렵다. 《죄와 벌》을 읽지 않았거나, 《이방인》을 읽지 않았으면 감히 책에 대해 이야기를 한다는 것이 우습게 보이는 것은 아닌지 걱정이 되기도 한다. 여기에 동양인이라면 사서오경 중에 하나 정도는 읽었어야 지식인이라 할 수 있고, 책을 논할 자격이 있는 것이 아닐까 싶을 정도다.

책을 많이 읽은 사람들은 "책 좀 읽어라. 읽으면 다 너에게 도움이 되는 거야!"라고 말하면서 정작 권해 주는 것은 쉽게 읽을 수 없는 책일 때가 많다. 그러니 권장도서에 너무 현혹되지 말고 자신의 수준에 맞는 책부터 읽어 나가는 편이 낫다.

사실 권장도서를 추천하는 사람은 과연 그 책들을 전부 다 읽었을까 라는 의문이 들기도 한다. 아마도 한 개인이 모든 책을 선정한 것이 아니라 다수의 사람이 선택했을 것이다. 분명히 그 리스트 중에는 선정한 사람들조차도 읽지 않은 책들이 섞여 있을 것이다.

그런 경우는 의외로 많다. 사람들을 만나 책 이야기를 하다 우연히 제목이 나와 이야기하다 보면 끝까지 읽지 않았다고 고백하는 경우가 많다. 《태백산맥》이 그런 경우가 많았다. 마치 하나의 유행처럼 대부분이 읽었는데 정작 끝까지 읽은 사람은 드물었다. 내 주변에는 거의 대부분이 5~6권 정도에서 멈췄다고 고백했다. 물론 끝까지 읽지 못했어도 읽으려고 노력했다는 점은 높이 사지만 소위 식자층에서 제대로 완독하지도 않고 떠드는 것에 대해 나는 약간의 거부감을 갖고 있다.

또한 한 달에 한 권 읽기도 벅찬 사람들에게 어려운 책을 권할 경우 과연 실효성이 있을까 라는 의문이 들기도 한다. 오히려 그런 책을 권유받으면 책 읽을 생각이 없어지는 역효과가 날 수도 있다. 마치 덧셈 뺄셈을 배운 사람에게 곱셈하는 책을 권하는 것일 수 있다는 말이다. 그러므로 책을 권할 때는 내 관점에서 권하지 말고 상대방의 관점에서 권해야 하고, 책을 읽는 사람은 권장도서에 현혹되기보다 자신에게 맞는 책을 골라 읽으면 된다.

책을 읽는다는 것이 부담이 되면 절대로 책을 읽을 수 없다. 사실 굳이 책을 읽지 않아도 요즘처럼 볼거리가 많은 시대에는 할 수 있는 일은 많다. 책을 읽지 않아도 살아가는 데 크게 불편한 것은 아니지 않은가. 이런 사람들에게 무조건 양서를 읽으라고 권하는 것은 책을 전파하는 것이 아니라 책에서 멀리 도망가게 하는 일일지도 모른다.

책 읽기를 싫어해도 잡지나 만화책을 잘 보는 사람은 우리 주위에도 매우 많다. 미용실이나 은행에 가면 대부분 잠시 기다리는 동안 잡지를 집어 들고 읽게 된다. 가장 큰 이유는 집중해서 읽을 필요도 없고 페이지를 술술 넘기며 재미없어 보이는 부분은 그냥 넘기며 봐도 되기 때문이다. 한마디로 시간을 때우기에 부담이 없다. 사실 책 읽기도 쉽게 접근할 수 있는 것부터 시작해야 한다.

책 읽기는 절대로 거창하고 대단한 작업이 아니다. 책을 읽을 때 꼭 조용한 곳에서 몰두해서 읽을 필요는 없다. 이런 생각 자체가 책을 읽지 못하게 만드는 이유가 될 수 있다.

읽기는 잡지책으로 시작해도 좋다. 잡지책은 눈요기 할 수 있는 것도 많고 재미있다. 특히 자신이 관심 있는 분야의 잡지는 그 자체로 훌륭한 정보를 제공하기도 하지만 책으로서의 역할도 충실히 한다고 할 수 있다. 나는 예전에 〈키노〉라는 영화 잡지를 읽으며 어려운 철학을 접했다. 일반 영화잡지와 달리 〈키노〉는 무거운 내용도 많이 실었고 다소 생소한 철학적인 용어와 내용을 근거로 영화에 접근했기 때문에 처음에는 읽으면서 상당히 고전을 했다. 잡지에서 프랑스 철학자 '들뢰즈'의 이야기가 나오고, '시대정신'에 대해서 논하고, 미장센과 같은 용어가 난무해서 영화잡지로서는 현학적인 측면도 없지 않았다. 그렇지만 나는 포기하지 않고 매달 〈키노〉를 사 보면서 이를 통해 해당 분야의 정보를 많이 습득하고 용어를 알게 되고 철학 분야의 사람 이름이나 철학 명제에 대해서 알게 되었다. 이 당시에도 나는 지금 책을 읽듯이 처음부터 끝까지 모두 읽었지만 잡지를 굳이 그렇게 읽을 필요는 없다.

만화도 마찬가지다. 책과는 친하지 않아도 만화책을 좋아하는 사람은 많다. 다 큰 어른이 만화책을 읽는다고 창피해하는 사람들이 있는데 만화도 분명히 문화의 한 분야이고, 어떤 만화는 특정 분야에 대해 책보다 더 전문적인 내용들을 담고 있다. 그리고 일본을 보라. 일본에서는 지하철 안에서 어른이 만화를 보는 것은 당연하고 자연스러운 일이다.

만화책의 장점은 한마디로 재밌다. 어떤 장르의 만화도 남녀노소 모두 읽을 수 있다. 물론 남성에게 로맨스 장르나 여성에게 격투기 장르는 안 맞을 수도 있다. 특히 우리나라에 소개되는 일본 만화는 대부분 일본에서 히트를 친 다음에 들어온 것이기 때문에 무척 재미있는 것이 사실이다.

또 만화책이라고 무시할 수 없는 점은 만화책을 읽으며 세상을 배우기도 하고 특정 분야의 전문지식을 얻기도 한다. 어떤 만화책은 우리로 하여금 그 어떤 자기계발서보다 더욱 각오를 다지게 한다. 실제로 내 주위에도 만화책을 통해 지식을 습득하는 사람이 꽤 있다.

만화책도 분야가 다양해서 개인적으로 추천해 주고 싶은 만화책도 매우 많다. 투자와 관련해 그 본질에 대해서 깨닫게 해 주는 만화도 있고, 어떤 스포츠 이론 서적보다 더 자세하게 이론을 습득할 수 있는 만화도 있으며, 우리가 살고 있는 세상에 대한 고민을 여타의 읽기 어려운 책보다도 더 깊고 훌륭하게 소개하는 만화도 있다.

이런 점에서 어떤 책을 읽는가가 중요한 것이 아니라 책을 읽는다는 자체가 중요하다. 누구나 처음부터 능력을 타고나는 사람은 없다. 천재도 재능보다는 노력에 의해 성공을 거두기 마련이다. 박지성이 태어날 때부터 축구를 잘한 것이 아니고, 박찬호가 태어날 때부터 야구를 잘한 것이 아니며, 워런 버핏이 날 때부터 투자의 신은 아니었지 않은가. 처음에는 이들도 자신의 분야에서 익숙하지 못했다.

이제는 지식을 습득하는 방법이 다양해졌다. 스마트폰을 통해서 책을 보는 사람도 늘어나고 있다. 대부분은 알게 모르게 읽는 습관을 이미 갖고 있다. 다만 책이라는 매체를 통해 읽는 습관까지 가지 못한 것뿐이다. 스마트폰을 통해 읽는 것은 쉽게 접근할 수 있다는 장점이 있다. 아직까지 정확한 연구를 통해 나온 결과는 아니지만 많은 사람이 인터넷을 통해 글을 읽을 때 정독을 하거나 꼼꼼하게 읽지 않는다고 한다. 제목을 보고 끌리면 본문을 읽게 되지만 거의 대부분 띄엄띄엄 읽는다고 한다. 어지간한 것들은 그렇게 해도 읽는데 지장이 없고 내용을 파악하는 데 무리가 없는 글이기 때문이다.

마찬가지로 잡지나 만화책도 그렇게 읽을 수 있다. 적극적으로 추천하기는 뭐하지만 무협지도 있다. 무협지에 빠지면 책은 많이 읽을 수 있지만 무협지만 읽게 되는 모습을 많이 본 터라 적극적으로 추천하지는 않지만 책을 읽는다는 것에 대한 부담이 사라진다는 측면에서 권하고 싶다. 책은 읽고 싶은 편한 책부터 읽기 시작하면 되는 것이다.

책의 종류는 다 말할 수 없을 정도로 다양하다. 남들에게 보여주기 좋은 고전만 책인 것은 아니다. 이런 책들을 통해 사고와 깊이가 더 풍성해지고 깊어지는 것은 부정할 수 없는 사실이지만, 읽기 싫은 책을 억지로 읽는 것보다는 책 읽기에 흥미를 더할 수 있는 책을 읽는 편이 바람직하다고 생각한다. 그렇게 책을 읽다 보면 이런 책도 읽고 싶고 저런 책도 읽고 싶어지는 날이 오게 된다. 그때부터 독서를 시작하면 그것이 바로 책 읽기의 본격적인 시작이라 할 수 있다. 그렇게 열심히 책을 읽다가 인생이 바뀐 사람도 많이 보았다.

제2부

다양한
책 읽기

어떤 책을
읽어요?

1

내가 어린 시절 많은 집이 그러했듯이 우리 집에도 위인전집이 있었다. 어떤 위인이었는지 구체적으로 기억나지 않지만 이런저런 위인들에 대한 정보를 기억하고 있는 걸 보면 그 당시에 읽었던 책들이 머릿속에 남아 있다는 증거일 것이다.

청소년 시기에는 주로 소설을 읽었다. 친구 집에 놀러 가면 그 집에 어떤 책이 있는지 유심히 살펴본 뒤 기회를 노려 친구에게 빌려 달라고 했는데 그 책들이 대부분 친구 녀석의 책이 아니라 친구의 형이나 누나의 책으로 기억된다. 최인호 작가의 소설도 읽었고, 이청준 작가의 《당신들의 천국》도 읽었던 것으로 기억한다.

고등학교 2학년 때 노벨 문학상을 받은 《파리대왕》을 쉬는 시간에 읽고 있었다. 내용은 어린 시절에 읽었던 《15소년 표류기》와 비슷했다. 단지 책 표지에 커다랗게 노벨 문학상이라는 타이틀이 자랑스럽게 인쇄되어 있었다. 갑자기 담임 선생님이 통로를 걸어가다가 내가 읽고 있는 책을 보더니 "뭐 보냐?" 하고 집어 들어 보고는 돌려주면서 "너가 이해나 하겠어?"라고 말씀하셨다. 바로 이러한 한마디가 상대의 독서 의욕을 잃게 만들 수 있다는 점에서 책을 읽는 사람에게 이런 말은 함부로 해서는 안 된다고 생각한다.

그러나 당시에 가장 탐독했던 책은 바로 김용 작가의 《영웅문》이었다. 정확한 기억은 아니지만 당시에 정비석의 《손자병법》을 비롯한 책들이 매우 유행했었다. 많은 사람이 《영웅문》 시리즈 중에 제2편 〈사조협려전〉을 최고로 꼽는데 나 개인적으로는 1편과 3편이 더 좋았다. 이 책 때문에 그 후 김용의 소설 전부를 찾아 읽기도 했다.

20대는 내 삶에서 가장 책을 읽지 않은 시기였던 듯하다. 혈기가 왕성해 노는 것이 급선무였던 시기인 만큼 책을 읽기보다는 밖에 나가 놀기 바빴다. 특히 배우를 꿈꾸고 노력했던 관계로 셰익스피어나 베케트와 같은 연극과 관련된 책들을 읽었는데 20대에 가장 열심히 읽었던 책은 바로 〈스크린〉과 〈키노〉라는 영화 잡지였다.

처음에는 〈스크린〉을 주로 읽었는데 읽다 보니 가십거리가 대부분이어서 다른 잡지를 찾다가 정성일 씨가 스크린에서 나오면서 편집장으로 창간한 〈키노〉를 읽게 되었다. 이 잡지는 잡지임에도 철학서를 읽는 듯한 느낌이 강했다. 지금 생각해 보면 내용이 참 좋았던 잡지였다. 매달 일주일 넘게 붙잡고 샅샅이 훑으며 읽었던 기억이 떠오른다.

나는 30대에 들어서면서 본격적으로 책을 읽기 시작했다. 그 전까지는 책을 읽는 것에 무슨 의미를 부여한 적도 없고 의식하면서 읽은 적이 전혀 없었다. 그러나 이때부터 의식하면서 읽기 시작했다. 돈이 없어 차비가 없으면 집까지 걸어가고 밥을 얻어먹고 다녔던 20대를 넘어 30대부터 돈이라는 것을 벌기 위해 찾은 것이 책이었다.

앞에서도 말했듯이, 사업을 하자니 자본도 아이템도 없었고, 투자를 하려는 데 알려 주는 사람이 없어 선택할 수 있는 유일한 방법이 바로 책을 통해 공부하는 것뿐이었다. 처음에는 인터넷을 뒤져 사람들이 추천한 책들 중 선택해서 도서관이나 서점에서 찾아 읽었다.

부동산, 주식 분야의 기본적인 재테크 서적들을 찾아 읽었는데 어느 순간 투자라는 것이 자신과의 싸움이라고 생각해 주로 자기계발서를 읽었다. 나폴레온 힐, 브라이언 트레이시, 앤소니 라빈스, 맥스웰, 지그 지글러 등 그 분야에서 유명한 사람들이 쓴 자기계발서를 거의 대부분 읽었다. 몇 년을 그렇게 읽다 보니 한 달에 자기계발서를 7권, 다른 책 2~3권 식으로 읽게 되었다. 그런데 많이 읽다 보니 자기계발서가 거의 뻔한 내용이어서 더 이상 읽을 필요가 없다고 판단했다.

지금은 자기계발서를 예전만큼은 읽지 않지만, 누구나 꼭 읽어볼 필요가 있는 책이라 생각한다. 약간은 뜬구름 잡기식의 이야기고, 또 다른 면에서는 성공 지향적인 이야기이기는 하지만, 자기계발서를 읽음으로써 각오를 다지게 되고 느슨해지는 마음을 다잡을 수 있다는 점에서 분명 도움이 된다. 사실 미국에서는 이 분야에서 잘만 해도 충분히 먹고살 수 있을 만큼 자기계발 분야의 시장이 크다. 유명한 동기부여가들은 강의와 책 판매만으로도 큰 부를 거머쥐기도 한다.

나는 30대에 2년 정도 보험영업을 했고 그 이후 재무설계 일을 했는데 직업적인 필요에서 영업 관련 책을 상당히 많이 읽었다. 그리고 협상이나 대화, 심리에 대한 책들도 꽤 많이 읽었다. 솔직히 말해 책의 내용을 실전에 잘 적용한 것은 아니지만 읽은 책들 덕분에 다양한 사람을 만나서 다양한 이야기를 나눌 수 있었고,

개인적으로도 중심을 잡는 데 큰 도움을 받았다. 특히 영업에서 성공한 사람들의 책은 위대한 사람은 아닐지라도 열심히 노력해서 자신의 분야에서 성공한 사람들의 이야기이기 때문에 구체적인 도움을 받을 수 있다는 점에서 유익했다.

이 당시에 책을 통해 만나게 된 인물이 워런 버핏이었는데, 그와 관련된 책이나 그가 쓴 책은 빠짐없이 읽으려고 노력했다. 그리고 가치 투자 관련 주식 책들을 상당히 많이 읽었다. 주식을 하기 위해서는 재무제표 보는 법을 알아야 하고, 어떤 식으로 주식 투자를 하는지에 대해 방법론이 필요하므로 관련 책들을 많이 읽게 된다. 그런 책들을 주로 읽다 보니 차트나 옵션과 관련된 책들은 아예 보지 않게 되었다. 주식 투자의 방법에 대한 책들도 열심히 읽다 보면 결국은 실천의 영역이어서 직접 투자를 하게 되면서 최근에는 읽는 권수가 많이 줄어들었다.

주식 투자에 대해 공부하면서 자연스럽게 경제에 대해 관심이 생겨 경제 관련 책을 읽게 되었다. 그러나 전문적인 경제 이론서적보다는 조금은 말랑말랑한 책들 위주로 읽었다. 그나마 경제와 관련한 역사에 대한 책을 많이 읽었고, 대부분은 실생활과 접목한 경제이야기 책을 읽었다.

경제, 주식과 관련된 책들은 이쪽 분야가 발달해 있는 미국의 책들을 많이 읽었다. 사실 이 분야의 우리나라 책들은 잘 안 읽게 되는데 그래도 최근에는 예전에 비해 좋은 책들이 많이 나오고 있는 것이 사실이다. 경제 관련 책들을 읽으면서 사람은 인센티브로 움직인다는 사실을 알게 되었고, 자본주의에 대해 많은 생각을 하게 되었다.

30대 후반에 들어서서 본격적으로 부동산 경매를 하겠다는 결심을 하고 부동산 경매 관련 책만 한 달에 10권 넘게 집중적으로 읽었다. 아울러 부동산과 관련된 책들도 함께 읽어 나갔다. 부동산 책은 아무래도 지역적인 특성이 강해 주로 우리나라 전문가들이 저술한 책을 읽었는데 막상 읽을 책이 다른 분야의 책에 비해서는 많지 않았다. 특히 이론적인 서적들은 주로 관련 법령으로 내용이 채워져 있어서 재미가 없었다.

소설은 젊은 시절에 많이 읽어서 그런지 30대에 읽은 책들은 거의 대부분 실용서였다. 내가 10대 후반부터 20대 초반까지는 우리나라에서 시가 유행했었다. 《접시꽃 당신》이나 《홀로서기》 등의 시집이 크게 유행했었는데, 요즘 중장년층 대부분이 알고 있을 것이다. 실용서를 많이 읽으면서 인문 분야의 책을 읽어야 한다는 생각이 막연히 들기 시작했다.

읽은 책의 권수가 늘어가면서 나와는 전혀 상관없고 관심도 없던 물리, 과학, 우주 등의 분야에도 관심이 저절로 생겼다. 이 분야는 여전히 어려운 것이 사실이지만 그래도 읽으면 읽을수록 내용을 이해할 수 있게 되었다. 철학이나 인문 관련 책들도 척척 쉽게 이해가 되는 것은 아니지만 조금씩 발전하고 있다.

지금은 어떤 분야의 책을 주로 읽는지 선뜻 대답하기가 쉽지 않다. 책을 본격적으로 읽기 시작할 때 읽었던 자기계발서는 거의 읽지 않고 있고, 투자를 하기 위해 읽었던 주식 관련 책들도 잘 읽지 않고 있다. 부동산 책들은 나온 책들이 워낙 적어 읽어야 할 책은 거의 읽은 듯하다. 그러다 보니 남은 것은 실용서 이외에 인문이나 과학과 같은 분야의 책들이 남아 있는 듯하다. 아마 책을 많이 읽는 사람들은 자신의 책 읽기 역사를 돌아보면 어떤 흐름이 있을 것이다.

인문고전이 오래도록 살아남아 사람들에게 읽히는 것처럼 실용서도 다시 읽어도 좋을 책들이 꽤 많다. 나는 한 번 읽은 책이나 영화는 다시 보는 편이 아니어서 사서 읽은 책은 다시 보지 않는 경우가 대부분이지만 실용서 중에는 다시 읽으려고 노력하는 책들이 있다.

책의 특징 중 하나는 어떤 책이든지 읽기 전에는 좋은지 나쁜지 알 수가 없다는 것이다. 누군가에게는 욕을 먹는 책이 누군가에게는 인생의 터닝포인트가 될 수 있는 것이 바로 책이라는 존재다.

그래서 어떤 책을 읽는지는 사실상 크게 중요하지 않고, 중요한 점은 책을 읽는 것이라고 생각한다. 어떤 책이든 읽게 되면 단 하나라도 얻는 게 있기 때문이다. 꼭 무엇인가를 얻기 위해 책을 읽는 것은 아니겠지만 어떤 책이라도 읽으면 좋은 것은 부정할 수 없는 사실이다. 또한 자신이 현재 읽고 있는 책이 현재 자신의 관심 분야일 때가 많다.

한 번에 한 권을
끝까지 읽어요

—
2
—

사람마다 책을 읽는 방법은 천차만별이다. 자신의 스타일대로 읽는다고 볼 수 있는데 어느 정도는 성격과도 연관성이 있다는 생각이 든다. 성격이 급한 사람과 느린 사람에 따라 읽는 방법도 다를 테고 장소에 따라 읽는 책을 달리하는 경우도 있다. 무조건 잡히는 대로 책을 읽는 사람들도 있다.

어쩌다 한 번 책을 읽는 사람은 딱 한 권을 집어 들고 천천히 여유 있게 곱씹으면서 한 장씩 한 장씩 넘기면서 읽을 것이다. 딱히 시간을 정해 놓고 읽지는 않겠지만 하루 중에 여유가 있다고 생각되는 시간에 '어디 한번 책을 읽어 볼까?' 하고 책을 읽으면서 하나씩 하나씩 눈에 들어오는 글자에 빠져들어 점점 책의 내용 속으로 빠져들 것이다.

눈앞에 책이 보여 그 책을 집어들고 읽게 되기도 한다. '무슨 책이지?' 하는 호기심에 책을 보게 되는데 아무런 생각 없이 펼친 책에서 흥미진진한 내용들이 전개되면 잠시 시간과 공간을 잃어버리고 빠져 들게 된다. 온 정신이 책에 빠져 허우적거리며 나오지 못할 정도로 뜻하지 않게 읽은 책이 오래도록 남는 경우도 있다.

집 안 곳곳에 책이 있어 그 장소에서는 그곳에 있는 책을 읽는 사람도 있다. 자신의 방, 거실, 화장실 등 집 전체에 책이 있어 현재 읽고 있는 책도 있지만 거실에서 빈둥거리다가 거실에 있는 책을 읽기도 하고 화장실에 가면 그곳에서 읽는 책이 있어 그 책을 읽는 것이다. 이처럼 여러 권을 동시에 같이 읽으면서 독서를 하는 사람들도 있다.

인간의 능력은 놀라워 여러 책을 동시에 읽어도 전혀 문제가 되지 않고, 각 책에 들어 있는 내용과 정신은 그대로 읽는 사람에게 흡수가 된다. 이것이 가능한 사람들은 이렇게 책을 읽어 나가는 것이 괜찮은 방법이기도 하다.

이처럼 여러 권을 병행해서 읽을 때 도움이 되는 경우는 특히 어려운 책을 읽을 때가 그렇다. 흥미진진하게 전개되는 추리 소설과 같은 책이 아니라면 집중하면서 읽어도 머리에 잘 들어오지 않고 장을 넘기기가 버거운 책들이 있는데, 이때는 어려운 책은 꾸준히 읽으면서 보다 가볍고 쉽게 읽을 수 있는 책을 병행하면 효과적이다.

우리가 책을 읽다 보면 쉬운 책만 읽을 수는 없다. 도전 정신을 자극하는 책들도 만나게 된다. 비록 당장은 읽어도 무슨 말인지 모르겠거나 다 읽어도 도대체 남는 것이 전혀 없는 것처럼 느껴지는 책도 결국 내가 미처 알지 못할 뿐 아주 작은 것이라도 분명 남아 있을 것이다.

이처럼 각자의 취향이나 성격에 따라 책을 읽는 방법은 매우 다양하다. 사실 이 정도로 책을 읽는다면 책을 많이 읽는 사람에 속한다. 일주일에 한 권 읽기도 쉽지 않은데 장소마다 읽는 책이 다르고 굳이 어려운 책을 읽을 정도라면 말이다. 책을 많이 읽는 사람이 드물다고 하지만 주변을 둘러보면 의외로 책을 많이 읽는 사람을 발견하게 된다. 그런 사람들의 책 읽는 방법을 듣는 것도 소소한 재미를 선사한다.

내 경우에는 거의 대부분 한 번에 한 권을 읽는 편이다. 그리고 한 번 집어든 책은 끝까지 다 읽은 후에야 다른 책을 읽는다. 어떻게 보면 이것이 좋은 방법이 아닐 수도 있다. 책을 읽다 보면 책의 내용이 마음에 들지 않을 수도 있고, 자신의 수준보다 한참 낮은 책일 수도 있기 때문이다. 그럴 때는 대략적으로 넘기면서 읽거나 중간중간 특정 부분만 집중해서 읽어도 상관없다.

나는 읽기로 마음을 먹고 읽기 시작한 책은 어지간해서는 속독이나 페이지를 건너뛰면서 읽지는 않지만 무엇이든지 오래하면 익숙해지는 것처럼 책을 읽은 지 오래되어 이제는 책을 읽는 속도가 저절로 빨라졌다. 그렇다고 속독으로 읽는 것은 아니고 정독을 하면서 빨리 읽는다. 결국 책을 많이 읽다 보면 책을 읽는 속도는 의식하지 않아도 저절로 빨라지게 마련이다. 물론 이해력 면에서도 그렇다.

또 나는 웬만해서는 한 권을 다 읽기 전에는 다른 책을 읽지 않는다. 예전에는 다 읽지 않고 새로운 책을 읽기 시작한 적도 아주 가끔 있었지만, 리뷰를 쓰기 시작한 이후부터는 될 수 있는 한 책을 다 읽은 후에 리뷰를 쓰고 새로운 책을 읽기 시작한다. 그래서 될 수 있는 한 책을 다 읽고 새로운 책을 읽는다. 다음 날 약속이 있어 나가야 하는데 남은 분량이 애매하면 아예 그날 밤 늦게까지 다 읽고 다음 날 가벼운 마음으로 새로운 책을 들고 나가기도 한다.

물론 나는 이렇게 책을 읽지만 한 번에 한 권을 읽는 방법을 남에게 권하거나 추천하지는 않는다. 특히 이 방법은 어려운 책이나 잘 읽히지 않는 책을 읽을 때 아주 곤욕스럽다. 진도는 나가지 않고 꼭 읽어야 할 의무는 없지만 한 번 잡은 책은 끝까지 읽어야 한다는 고집이나 아집이 있어 끝까지 읽으려고 하니 스스로 힘든 것이 사실이다. 이럴 때는 조금 쉬운 책을 같이 읽어주는 방법이 좋지만 나는 개인적으로 끝까지 다 읽은 후에 가볍고 쉬운 책을 읽는 방법을 택한다.

나는 읽은 책은 모두 리뷰를 쓰다 보니, 하나의 책을 다 읽은 후 쓰지 않고 다른 책을 읽다 리뷰를 쓰게 되면 혹시나 다 읽은 책에 대한 생각을 쓰는 것이 아니라 현재 읽고 있는 책에 대한 개념이 묻어 나오지 않을까 하는 걱정이 앞서 한 번에 한 권을 읽게 되는 것뿐이다.

가장 좋은 방법은 자신의 스타일에 맞는 방법으로 책을 읽는 것이다. 책을 읽는 사람들 중에 나처럼 한 번에 딱 한 권만 읽는 스타일은 많지 않다. 오히려 이것저것 잡히는 대로 읽는 사람들이 훨씬 많다. 무엇이 더 좋은 방법이라고는 말하기 어렵다. 다만 확실한 것은 자신의 성향에 맞는 방법으로 읽는 것이 즐기면서 읽을 수 있는 방법이다.

잠자기 전 30분의 독서로
아시아 최고의 부자가 된 **리자청**

"**홍**콩 사람이 1달러를 쓰면 그중 5센트는 리자청의 주머니로 들어간다"는 말이 있을 정도로 리자청은 아시아 최고의 부자로 꼽히는 거상이다. 집안이 어려워 중학교 1학년을 중퇴하고 가족을 먹여 살려야 하는 어려운 처지였지만, 그는 손에서 책을 놓은 적이 없을 정도로 학구적인 인물이다. 또한 그를 성공으로 이끈 원인 중 하나로 독서는 결코 빼놓을 수 없는 요소다. 그는 매일 새벽 4시에 일어나 중, 고교 과정을 독학했고, 잠자기 전 30분 동안 가능하면 분야를 가리지 않고 새 책을 읽었다. 그래야 새로운 지식을 얻을 수 있고 남보다 먼저 최신의 흐름을 파악할 수 있다고 생각했기 때문이다.

그는 주로 역사, 경제, 철학 분야의 책을 탐독했고, 소설이나 무협지와 같은 흥미 위주의 책은 읽지 않았다.

최초로 세운 창장(長江) 플라스틱 공장은 그 이름을 자신이 늘 즐겨 읽던 동양 고전의 《묵자》에서 따왔다. 또한 플라스틱을 사업 아이템으로 선택한 이유는 늘 구독하던 외국잡지를 통해 해외 중산층이 성장함에 따라 그들을 공략하면 시장성이 있다는 아이디어를 얻은 것이다.

리자청은 세 살 때부터 한시를 외우고 책을 읽는 습관이 들었던 까닭에 매일 영어뉴스를 보며 모르는 단어가 나오면 그 즉시 찾아볼 정도로 지식에 대한 열정이 남달랐다. 바로 이러한 지식에 대한 열정이 그가 아시아 최고의 부자가 되는 밑거름이 되었다.

자신이 배우지 못했지만 지식에 대한 열정이 누구보다 강하기에 리자청은 2006년에 자산의 3분의 1인 6조원을 학교를 짓는 데 기부했다.

싱가폴 리카싱 스쿨 건물에는 '지식이 운명을 바꾼다(knowledge reshapes destiny)'라고 쓰여 있다.

끊임없는 지식에 대한 갈망과 실천이 바로 리자청이 아시아 최고의 부자가 되는 원동력이 된 것이다.

참고문헌
참고하기

—

3

문학작품을 제외하고 책을 다 읽은 후에 마지막을 장식하는 것은
거의 대부분 참고문헌이다. 저자가 자신의 책을 쓰기 위해서는 자
신의 생각과 경험만 쓴다면 무엇인가 부족하고, 또 사람들의 동의
를 얻는 것이 쉽지 않다. 과학자라면 자신이 연구한 결과에 대해
조사와 방대한 통계 자료 등을 통해 검증할 수 있지만, 저자의 생
각과 경험만으로 사람들은 쉽게 이해하고 동의해 주지 않는다.

특히 책을 쓴 저자가 잘 알려져 있지 않은 인물이라면 그의 이
야기에 사람들의 신뢰가 크지 않지만 유명한 인물의 이야기라면

달라지는 것이 사람들의 심리다. 또한 저자 자신이 자신의 이야기를 보다 확실하게 표현하기 위해서 다른 저자들의 책을 참고하기에 참고문헌이라고 해서 따로 책을 소개한다.

참고문헌에 나온 책들은 저자가 전체를 읽지 않는 경우도 많다. 자신이 원하는 정보를 얻기 위해 관련 책을 여러 권 책상 위에 올려놓고 그중에서 본인이 원하는 부분만 발췌하거나 필요한 부분만 정독으로 읽고 그 밖의 페이지는 그냥 넘기는 것이다. 그렇다 하더라도 그 책들은 저자가 주장하는 내용을 보충하고 더 풍성하게 해 주는 책들이다.

이처럼 이 세상에 나와 있는 책들 중에 지금까지 누구에게서도 나오지 않은 생각이나 발상, 발명을 저자 자신만의 글로 표현된 것은 없다. 비슷해도 저자 자신의 생각과 경험을 토대로 이야기하기 때문에 우리가 새롭게 받아들일 수 있지만 하늘 아래에 새로운 것은 없다는 표현처럼 어딘가에는 비슷한 책이 있다.

참고문헌이 많은 책이 좋은지 적은 책이 좋은지는 생각의 기준에 따라 의견이 달라질 수 있지만 대체적으로 참고문헌이 많은 책이 질적인 측면에서 보다 나을 때가 많다. 논리의 오류에서 벗어날 가능성도 크다. 저자의 주장과 관점이 아무리 옳고 올바르다고 해도 반대의 측면은 있게 마련이다. 애써 부정하거나 인정하지 않으려고 하는 자세보다는 인정하고 반대 논리에 대해 제대로 반박

하는 것이 저자 자신의 주장을 보다 올바르고 공신력 있게 만드는 방법이다.

이러한 경우 자신이 생각하는 바와 관련된 책을 참고할 수밖에 없다. 아무리 그 분야의 전문가라 해도 자신의 분야에 대한 모든 것을 알 수는 없다. 그 분야의 모든 것을 알고 있고 자신만이 옳다는 주장을 하는 사람의 책이 있다면 아마도 참고문헌도 없고 책 내용도 지독한 편견에 사로잡혀 있을 것이다. 그런 책은 읽으면서 불쾌감만 올라갈 뿐이다.

대체로 학자 출신이거나 교수 출신의 저자는 참고문헌이 실려 있다. 없는 경우는 본 적이 없는 듯싶다. 실용서는 여러 책을 참고는 하지만 그러한 책에 대해 참고문헌을 싣지 않는 경우가 더 많다. 일단 자신의 경험을 위주로 쓴 책 같은 경우에는 참고문헌이 없기 때문이다. 책의 내용은 자신의 경험이 위주가 되고 자신이 읽었던 책 내용이 조금씩 언급되거나 본문에 인용되기도 하지만 따로 참고문헌을 밝히지는 않는다.

그렇다면 자신의 생각이나 이야기처럼 쓸 수도 있는데 굳이 참고문헌을 밝히는 이유는 무엇일까? 앞서 말한 것처럼 저자 자신의 주장을 보다 효율적으로 밝히고 신뢰도를 높이기 위해서라고 본다. 나만 이야기하는 것이 아니라 이미 다른 사람들도 이렇게 이야기를 한다고 할 때 사람들은 더 쉽게 믿게 된다. 흔히 "야! 누구도 한다고 하는데 우리도 하자~!"라는 말을 하는 것과 같은 이치다.

더욱이 자신의 이야기를 하기 위해서 가져온 책이나 인물이 이름만 들어도 아는 책이나 인물일 경우 더 이상 구구절절 설명할 필요가 없기 때문이다. 흔히 이를 미투(me too)전략이라고 하는데, 누가 어떤 이야기나 주장을 하면 더 이상 길게 설명할 필요 없이 "나도~!"라는 한 마디면 모든 것이 정리되는 것과 같다.

물론 저자가 자신이 하고 싶은 이야기를 보다 공고하게 다지고 심도 있게 설명하기 위해서 참고문헌을 알리는 경우가 많다. 자신이 하는 이야기가 어디서 갑자기 뚝 하고 떨어진 내용이 아니라 자신도 이미 다른 책을 통해 여러 번 읽고 생각하고 고민했던 부분에 대한 것이므로 관련 책을 읽고 자신에게 도움이 되었기에 참고문헌을 밝히는 것이다.

책을 읽는 사람의 입장에서는 책을 저술한 저자의 생각에 보다 가깝게 다가갈 수 있는 방법이 바로 참고문헌을 다시 참고하는 것이다. 참고문헌을 보면서 '이런 책을 통해 저자가 자신의 이야기를 밝히고 있었구나'라고 유추를 하고 그 분야에 대해 더 알고 싶다면 참고문헌에 소개된 책을 읽으면 도움이 된다. 그중 몇 권이라도 읽게 된다면 이미 읽은 책을 통해 갖고 있는 지식과 결합되어 이해도를 높여 줄 것이다. 참고문헌의 책을 골라 읽을 때 어떤 부분을 저자가 참고했고, 인용했는지 파악하면서 읽으면 책 읽는 재미를 더할 수 있다.

나는 참고문헌에 어떤 책이 있는지 들여다보고 그 책을 선택해서 읽는 경우가 많지는 않다. 그러나 읽은 책이 만족스러울 때 그 책과 연관되어 있는 책을 눈여겨보고 어떤 책을 소개하는지 기억하는 편이다. 가끔은 책을 다 읽고 그 책 말미에 있는 참고문헌을 보면서 그중에 내가 읽은 책은 무엇인지 살펴보기도 한다. 살펴보면서 책의 저자가 읽고 참고한 책을 나도 이 책을 읽기 전에 이미 읽었구나 하면서 기뻐하기도 한다.

번역서의 경우에는 참고문헌 중에 우리나라에 이미 출판된 책은 우리나라 제목으로 소개해 주기도 한다. 어떤 분야의 책에서 참고문헌으로 여러 번 소개되면 저절로 그 책에 대한 관심과 호기심이 급증하게 된다. 여러 책에서 소개하고 참고한다는 것은 그만큼 그 책이 좋은 책임을 의미하기 때문이다. 또한 여러 책의 저자들이 자주 언급을 할 정도면 그 책의 내용에 많은 사람이 공감하고 영향을 미쳤다는 뜻이기도 하다. 일반 사람들이 자주 언급해도 관심이 갈 텐데 책을 펴낸 저자 여러 명이 책을 쓸 때 참고했다면 그 책은 분명히 읽어야 할 책이라는 것이 확실하다.

책을 읽은 후에 책 말미에 있는 참고문헌을 눈여겨보았는지 그냥 넘겨 버렸는지 한 번 되돌아보라. 독서 초기에는 책을 선택하는 능력이 높지 않기 때문에 참고문헌을 참고해서 책을 선택하면 도움이 된다. 나도 처음에는 참고문헌을 많이 참고했는데 확실히 도움이 되었다.

책 한 권을 읽고 나서 다음으로 어떤 책을 읽을지 고민이 되거나 읽은 책과 비슷한 분야의 책을 또다시 읽고 싶지만 어떤 책을 읽어야 할지 잘 모르겠다면 참고문헌을 보고 그중에 한 권을 골라 읽는 것도 괜찮은 방법이다. 또는 서점에 가서 관심 분야의 책들에서 내용이 아니라 맨 뒤에 있는 참고문헌을 보고 여러 책에서 언급되는 참고문헌의 책이라면 믿고 읽어도 무방할 것이다.

꼬리에 꼬리를 무는
책 읽기

4

사람마다 책을 읽게 되는 계기는 다양할 것이다. 나는 투자를 배우고 싶다는 목적에서 본격적으로 책을 읽게 되면서 처음에는 사람들이 추천하는 책을 읽었다. 아무래도 나보다 조금이라도 먼저 읽은 사람들이 관련 분야의 책 중에 처음 시작할 때나 공부를 할 때 초보자들에게 도움이 되는 책이라고 추천을 하기에 사전 정보나 관련 지식이 없는 내게는 가장 좋은 방법이었다. 문제는 추천한 책이 나와 맞지 않는 것도 있었지만 연결성이 떨어진다는 것이었다.

공부하고 싶은 분야의 책을 한 권만 읽고 만다면 상관이 없지만 한 권만으로 관련 분야의 모든 것을 알 수는 없다. 한 권을 자기 것으로 만들 때까지 읽고 또 읽는 방법도 좋겠지만 나처럼 한 번 읽은 책을 다시 읽고 싶어 하지 않는 사람도 많다.

문학 작품 같은 경우에는 고전이라 불리는 책은 한 번 읽고 나중에 시간이 흘러 다시 읽으면 그에 따라 다른 부분이 보이고 느끼는 것이 다를 수 있다. 그러나 실용서는 모든 것을 완벽하게 다루고 있는 책도 없을 뿐더러 내용이 다른 책에서도 언급되는 경우가 많기 때문에 다시 보기보다는 그 분야의 다른 책을 읽는 것이 나을 때가 많다.

읽은 책을 다시 읽는 것은 되새기는 데 있어서는 도움이 되겠지만 또 읽으려면 지겨운 게 사실이다. 처음 접하는 분야는 한 번 읽어도 모르는 용어가 너무 많아 머리에 들어오는 것이 거의 없기는 하지만 읽은 책을 다시 읽는다는 것이 수험생이 공부하는 참고서도 아니고 어딘지 모르게 내키지 않는다.

그래서 나는 공부하고 싶은 분야의 책을 한 권이 아니라 여러 권을 연속적으로 읽는 방법을 택한다. 처음 부동산 경매를 제대로 공부하고자 마음먹고 한 달 동안 부동산 경매책만 10권 정도를 읽었던 것으로 기억한다. 그중에는 내 수준보다 조금 높은 책도 있었고 상당히 재미있게 읽은 책도 있었다. 처음 접하는 분야였지만 읽는 권수가 늘어날수록 모르는 용어가 줄어들면서 내용이 머릿속에 잘 들어오고 익숙해지면서 부동산 경매의 전반적인 흐름이 보이기 시작했다.

주식 투자 공부를 책으로 시작했는데 그때 가치 투자라는 것을 알게 되었고, 이를 배우기 위해서 워런 버핏이라는 제목이 나와 있는 책은 전부 도서관에서 빌려 읽었다. 워런 버핏이라는 투자자의 투자 방법에 대해 저술한 저자들은 달랐지만 내용은 거의 비슷했기에 워런 버핏이 어떤 식으로 가치 투자를 했는지에 대해, 또 그 방법과 철학에 대해 배울 수 있었다. 그리고 자연스럽게 피터 린치, 벤저민 그레이엄 등으로 확장해서 읽게 되었다.

처음 실용서를 읽을 때는 투자에 대한 기초 서적보다는 성공학 책을 많이 읽었는데 동기부여를 하는 책들은 내용은 약간씩 달라도 책을 읽으면서 '할 수 있다'는 자기 최면을 걸게 되는 장점이 있다.

같은 분야의 책을 연속해서 읽게 되면 좋은 점은 한 책에서 그 분야의 다른 책을 언급함으로써 다음 읽을 책의 리스트를 확보하기도 하고, 여러 권 읽다 보면 그 분야의 책이 눈에 들어오면서 책에 대한 판단 기준이 생겨나면서 책을 선택하는 수준도 점점 높아지게 된다. 그렇게 책을 읽어 나가면 어느 순간부터 스스로 책을 선택할 수 있는 능력이 생기고 도움이 되는 책을 고를 수 있게 된다.

같은 분야의 책에 대해 꼬리에 꼬리를 물면서 읽다 보니 자연스럽게 관련 분야의 공부가 되면서 해당 분야의 용어가 익숙해지고 이를 통해 내용이 완전히 이해가 되어 본격적으로 스스로 해당 분야의 투자를 할 수 있는 토대가 마련되었다. 그래서 본격적으로 투자 시장에 뛰어들 수 있었다. 한 분야의 책을 100권 이상 읽으면 전문가 수준에 오를 수 있다는 말이 아마도 이래서 나온 듯하다.

이렇게 꼬리에 꼬리를 물면서 책을 읽자 가장 좋은 점이 나와 잘 맞는 책을 찾을 수 있게 되고, 비록 정독을 하지 않아도 가볍게 읽으면서 새로운 내용을 흡수할 수 있다는 점이다.

문학 작품도 이런 식으로 분야를 넓혀 갔다. 우연히 박민규의 《죽은 왕녀를 위한 파반느》를 읽은 후에 매료되어 박민규의 모든 책을 찾아 읽으면서 나와 공유하는 점이 많은 작가의 작품을 만날 수 있었다. 또 마이클 코넬리의 《시인》을 시간 가는 줄 모르고 읽어 우리나라에서 출판된 마이클 코넬리의 모든 작품을 찾아 읽으면서 추리 소설에 대해 눈을 뜨게 되었다.

책을 읽을 때 어느 작가의 작품을 읽고 마음에 들어 그 작가의 모든 책을 찾아 읽게 되는 경우가 많다. 이를 '전작주의'라고 한다. 영혼 불멸의 작품 딱 하나만 남기는 작품을 쓰는 것은 모든 작가의 꿈일 수 있지만 대부분의 작가는 여러 책을 출판하고 독자들은 자신이 마음에 드는 작가의 모든 책을 찾아 읽으면서 작가의 머릿속까지 파고 들어가 이해하고 자신과 맞는 감성을 갖고 있다는 사실에 희열을 느끼기도 한다.

이처럼 실용서를 읽을 때 같은 분야의 책을 꼬리에 꼬리를 물면서 읽으면 그 분야에 대해 지식이 점차 쌓이며 원하는 바를 획득하게 된다. 문학작품도 한 작가의 작품을 모두 읽게 되면 그 작가의 세계관을 이해하고 다음 작품이 나올 때 더 재미있게 읽을 수 있다.

책으로 공부를 하려고 하는데 어떤 책을 읽어야 할지 모르겠다면 서점이나 도서관에 가서 책 제목이나 내용이 말랑말랑하고 재미있어 보이는 책을 여러 권 선택해서 차례로 읽으면 된다. 읽으면서 책 내용을 꼭 흡수하려고 노력하기보다는 부담 없이 읽어도 다음 책에서 다시 비슷한 내용이 나오므로 나중에는 노력을 하지 않아도 자연스럽게 습득하고 이해할 수 있다. 이때는 처음 책을 읽을 때와는 완전히 달라진 것을 스스로 느끼게 될 것이다.

책은 한 권 한 권이 하나의 세계다.
—윌리엄 워즈워스

책을 발판으로 꿈을 향해
전진했던 **링컨**

"**국**민의, 국민에 의한, 국민을 위한"이라는 말로 유명한 링컨은 남북전쟁을 통해 흑인 노예를 해방했을 뿐만 아니라 자신과 다른 노선을 걷고 있는 정치적 경쟁자들을 각료로 세울 정도로 탕평책을 펼쳤다.

사실 링컨은 선거에서 수없는 패배를 맛보았다. 자칫하면 제일 불운한 사람이 될 수도 있었지만 그는 결코 포기하지 않고 도전해서 마침내 미국 대통령이 될 수 있었다. 그는 "책을 구해서 읽고 공부하라. 책을 이해할 줄 아는 능력은 누구나 똑같다. 성공하고야 말겠다는 결심이 그 무엇보다 중요하다는 것을 늘 마음에 새겨둬라"고 말할 정도로 책의 중요성을 알고 몸소 실천했다.

링컨은 《워싱턴 전기》를 빌려 읽다가 그것이 비에 젖는 바람에 책값만큼 일을 하기도 했다. 그에게 책은 무엇보다 소중한 존재였던 것이다. 독서는 그에게 있어 꿈을 키우고 또 꿈을 향해 한 걸음

씩 걸어갈 수 있게 도와준 멘토였다. 이로써 그는 앞날을 차근차근 준비할 수 있었다.

새어머니가 읽어주는 《성경》,《이솝 이야기》를 비롯해 다양한 책은 그의 훌륭한 인격을 형성하는 데 재료가 되었다. 그중 《로빈슨 크루소》가 그에게 큰 영향을 미쳤는데 무인도에 떨어져 혼자 살면서 자신의 삶을 꾸려나가는 주인공의 이야기를 읽으면서 용기를 갖게 되었고, 이것이 훗날 노예제 폐지를 위한 외로운 길을 걸어가는 데 든든한 힘이 되어 주었다.

결국 그의 위대한 정신의 근원은 책에 있었던 것이다.

상대에게 맞는 맞춤형 추천이
가장 바람직하다

5

책을 추천해 달라는 요청을 종종 받는 일이 있어 몇 년 전 한 명을
상대로 책 읽기 교육을 시킨 적이 있다. 열심히 하는 모습이 보기
좋고 돈을 아껴 저축하는 모습이 호감이 가서 내가 먼저 제안을
했다. 나름대로 큰 그림을 그리고 기초적인 책부터 시작해서 한
권씩 읽게 하면서 그 책에 대해 간단한 피드백을 하고, 조금씩 수
준을 높이며 커리큘럼을 통해 마인드부터 시작해서 투자 기초까
지 알려 줄 계획을 짰다.

그런데 결과부터 이야기하자면 실패를 했다. 우선, 본인이 먼저

원해서 시작한 것이 아니어서 적극성이 갈수록 떨어졌다. 그리고 내가 추천한 책을 읽으면서 내가 원하는 걸 파악하지 못했다. 정확하게 말하면 아직 그 수준을 받아들일 수 없었던 것이다. 분명 내가 책을 읽기 시작할 때 읽었던 책들이었는데도 차이가 있었다.

책에 투자하는 시간도 나와는 다르다는 사실을 감안해서 2주에 한 권을 읽게 했는데, 2~3권을 읽고 나서부터는 바쁘다는 핑계로 책 읽기를 점점 게을리했다. 그래서 결국 내가 그만하자고 말을 하고 끝내게 되었다. 그 후로는 가끔 물어 오는 것만 알려 주고는 했다.

요즘에는 인터넷에 1년에 한 번씩 그 해에 읽은 책 목록을 올린 것을 시작으로 이제는 읽은 책에 대해 리뷰를 올리고 있다. 그래서 종종 책을 추천해 달라는 사람들이 있다. 그런 것과는 상관없이 내가 스스로 특정 분야에 대해 읽은 책을 근거로 책을 추천하는 경우도 있다. 예를 들면, 부동산 경매 분야의 책 중에 읽을 만한 책이나 주식 관련 분야의 책이나 마인드 관련 책과 같이 내가 읽은 책 범위 내에서 사람들에게 이런 책은 도움이 될 것이라고 올린 적이 있다.

이것과는 별개로 사람들이 책을 추천해 달라고 할 때는 무척 조심스러워진다. 가장 큰 이유는 책을 추천해 달라고 하는 사람에 대해 전혀 알지 못하기 때문이다. 어느 정도 이야기를 해 보고 성격이나 현재 직업 등 기본 정보를 알고 있는 사람이 추천해 달라고 하면 그때는 그나마 마음이 편하다. 상대의 상황에 따라 추천해 주면 되기 때문이다.

그런데 전혀 알지 못하는 사람이 갑자기 어떤 분야의 책을 추천해 달라고 하면 사실 매우 난감하다. 그 사람의 수준이 어떤지도 모르는 상태에서 무조건 추천할 수 없기 때문이다. 만약 추천을 해 주었는데 별것 아니라는 반응이 나올 수도 있고, 너무 어렵다는 반응이 나올 수도 있다. 이렇게 되면 잘못 추천한 것이 된다. 상대방을 고려하지 않았으니 말이다.

"지식의 저주"라는 말이 있다. 상대방이 당연히 알 거라고 생각을 하고 이야기를 진행하는 것을 말한다. 곱셈은 알 거라고 생각해 이야기했는데 상대가 덧셈과 뺄셈까지밖에 배우지 못했다면 자기만 신 나서 떠들 뿐 상대방은 그저 어쩔 수 없이 고개만 위아래로 흔들게 된다. 흔히 상대는 모른다고 말하기가 창피해서 몰라도 가만히 있는 것이다.

그리고 몇 년 전에는 열심히 읽고 도움이 되었던 책이 시간이 흘러 오히려 안 좋은 시선으로 바라보게 되는 때도 있다. 당시에는 스스로 좋다고 생각했는데도 말이다. 그것은 아마도 상황이나 환경, 지식에 따라 생각이 바뀌기 때문인 듯하다. 그렇지만 추천을 할 때는 지금 나에게는 별 도움이 되지 않는 책이지만 내가 읽었을 때 도움이 된 당시를 회상하면서 현재 이런 상황에 있는 사람에게는 도움이 될 거라 생각하고 추천을 하게 된다.

같은 책이라도 그 책을 누가 읽느냐에 따라 좋은 책이 되기도 하고 나쁜 책이 되기도 한다. 예를 들어 내가 쓴 《부동산 경매 따라잡기》라는 책은 막 부동산 경매에 입문하는 사람들을 대상으로 하는 책이다. 책 표지 안쪽에도 정확하게 목적을 밝혔음에도 "누구나 부동산 경매를 경험하면 알 수 있는 내용을 왜 책으로 냈느냐"고 비난하는 사람들도 있었다. 반면, 많은 도움을 받았다고 하는 사람들도 있었다.

책을 추천하는 것도 이와 마찬가지다. 상대방을 전혀 알지 못하는 상태에서 권하는 책은 큰 위험성이 따른다. 누군가에게는 인생을 변화시킨 책이 누군가에는 쓰레기로 취급되는 경우도 종종 보게 된다. 이런 이유로 책을 추천한다는 것은 결코 쉬운 일은 아니다. 무턱대고 추천할 수 없는 상황에서 책을 추천해 달라고 하는 상대방에게 일언지하에 거절하기도 미안한 일이다. 또한 책을 추천해 달라고 하면 괜히 우쭐해져서 한편으로 안 할래야 안 할 수 없는 마음도 있다. 그래서 부족한 정보를 근거로 해서라도 상대방에게 책을 추천하게 된다.

책을 처음부터 끝까지 읽지 않아도 읽은 부분에서 자신에게 도움이 되는 단 하나의 구절이나 문구만 있어도 그 책을 읽은 보람이 있는 것처럼, 내가 추천한 책에서 아주 작은 부분이라도 도움이 된다면 사실 그것으로 보람이 있다고 생각한다. 그건 내가 훌륭한 책을 추천해 주었기 때문이 아니라 어떤 책이든 책을 읽었기에 얻은 결과물이기 때문이다.

책을 추천하는 방법 중에는 분야별로 내가 읽은 책을 근거로 이런저런 이유로 이런 책을 읽으면 좋다고 목록을 작성해 놓고 필요한 사람에게 추천하는 방법도 있다. 그런데 문제는 시의성이나 역동성이 떨어지지 않을까 라는 우려가 있다.

책 추천이 어렵고 조심스럽기는 하지만 책을 추천해 달라고 하면 나는 성심성의껏 책을 추천해 준다. 그런데 이 덕분에 나도 기억을 더듬으며 책을 기억의 저편에서 꺼내 찾아볼 수 있어 큰 도움이 되는 것이 사실이다. 그리고 추천을 받은 사람이 책을 읽고 도움을 얻으면 그것만큼 보람 있는 일도 없다.

베스트셀러의
허와 실

6

한 해에 출간되는 책이 얼마나 될까? 수만 권에 이른다고 한다. 이중에서 베스트셀러가 되는 책은 극히 소수에 불과하다. 베스트셀러라는 것은 다수의 사람이 선택한 책이라 할 수 있다. 분야에 따라 베스트셀러가 좀 더 많아지겠지만 대체적으로 분야를 막론하고 이 주의 베스트 내지 이 달의 베스트 50위 안에 들었다고 하면 상당히 많은 사람에게 선택을 받은 책이다.

많은 사람에게 선택을 받았다는 것은 그만큼 그 책에서 얻을 것이 있고 깨달을 것이 많다는 뜻이라고 할 수 있을까? 사실 꼭 그렇지는 않다. 특히 출시된 지 보름도 되지 않은 작품이 베스트셀러가 되는 경우에는 생각해 볼 필요가 있다.

짧은 시간에 베스트셀러가 되는 책은 먼저 책의 저자가 유명한 경우다. 저자가 이미 다른 책을 낸 적이 있어 그 저자에 대한 믿음이 존재하는 경우에 사람들은 책 내용을 따져 보지 않고 구입을 한다. 그렇지 않으면 유명인이 책을 출판한 경우에는 내용을 떠나 어떤 이야기를 하는지 궁금한 마음에 그 책을 선택하게 된다. 이럴 때 평소 유명인이 한 행동이나 말 등에 영향을 받아 구입을 할 것이라 생각한다. 평소에 와 닿지 않는 이상한 말만 하는 사람이 쓴 책을 읽으려고 할 사람은 없으니 말이다. 유명인의 책은 사실 책이 출간되기 전부터 어느 정도 사람들의 관심을 받고 있기 때문에 출간과 동시에 베스트셀러가 되는 경우가 많다.

그 밖에 보름도 되지 않았는데 베스트셀러가 되는 경우에는 출간과 동시에 꽤 많은 분량의 책을 구입하는 거라고 보아야 한다. 보통 베스트셀러가 하루 단위, 일주일 단위, 한 달 단위 식으로 구분되어 분류가 되고 있기 때문에 며칠만 집중적으로 구입을 하면 된다. 꼭 수백 권씩 사지 않아도 얼마든지 상위권에 올려놓을 수 있다. 우리나라의 경우 하루에 특정 인터넷 서점이나 일반 서점에서 몇십 권씩 팔리는 책이 많지는 않기에 얼마든지 초기에 바람몰이식으로 베스트셀러를 만드는 일이 가능하다.

특정 출판사에서 자신들이 출판한 책을 사재기를 통해 베스트셀러로 만들었다는 뉴스가 심심치 않게 나오는 것처럼 초반에 바람몰이를 잘만 하면 사람들이 단지 베스트셀러라는 이유만으로도 구입을 하기 때문에 출판사들이 많이 이용하는 방법 중의 하나다. 특정 분야에서 아직 읽지 않은 책이 있을 때 이왕이면 베스트셀러인 책에 대한 선호도가 높은 것은 당연하다.

우리가 책을 고를 때 책 전체를 읽어 보지 않는 한 그 책이 좋은지 나쁜지의 여부를 알 수는 없다. 결국 독자는 책의 광고, 책 내용을 간단하게 보여 주는 문구 등을 보고 책을 판단하게 되고, 또 책이 노출이 많을수록 눈에 들어오게 마련이다. 그래서 결국 베스트셀러는 우리가 책을 선택하는 데 있어 중요한 지표 역할을 한다.

책을 읽고 크게 감명을 받거나 책의 내용이 좋으면 리뷰를 쓰게 된다. 물론 책을 읽는다고 꼭 리뷰를 올리는 것은 결코 아니다. 100만 부 팔린 책의 경우에도 리뷰는 모든 인터넷 서점을 둘러보아도 한 인터넷 서점에 100~200개 정도에 머무른다.

이렇게 보았을 때 책이 출판된 지 얼마 되지도 않았는데 리뷰가 상당히 많으면 이것도 의심해 볼 필요가 있다. 아무리 좋은 책도 사람들이 리뷰를 올리는 것은 또 다른 문제인데 출간된 지 한 달도 안 된 책이 상당히 많은 리뷰가 있다면 다른 책에 비해 좀 이상하다고 봐도 무방하다. 물론 너무 좋은 책이어서 리뷰를 쓰고 싶은 마음이 절로 나올 수는 있지만 확률적으로 봤을 때 짧은 기간에 많은 리뷰가 올라오기는 확률이 낮다.

나는 개인적으로 한 달에 여러 출판사에서 몇 권 정도의 책을 받는다. 출판사가 그냥 책을 줄 이유는 없기에 당연히 책을 읽고 리뷰를 올릴 것을 제안한다. 흔히 이를 바이럴 마케팅이라고 한다. 출판사에서 직접 하는 광고는 믿을 수 없지만 잘 알지 못하는 누군가 읽고 올린 리뷰는 믿을 수 있기 때문이다. 내 경우에는 한 달에 올리는 리뷰 개수가 많고 블로그에 올리는 리뷰의 조회수도 꽤 되는 편이어서 출판사 입장에서는 책 한 권 선물하는 것이 더 이익일 수 있다.

물론 출판사들이 내게만 책을 보내는 것은 아니다. 최소 몇 명에서 몇십 명에 이를 것이다. 나는 될 수 있는 한 책을 읽고 느낀 대로 올리는 편이지만 인지상정이라는 것을 완전히 벗어날 수는 없는 것이 사실이다. 이런 이유로 출간된 지 얼마 되지도 않은 책이 유난히 리뷰가 많다고 하면 약간 삐딱한 시선으로 바라보게 된다. 더욱이 글을 읽고 느낀 게 사람마다 다를 것이고 완벽한 책은 없다고 볼 때 좋다는 리뷰 일색이라면 더더욱 고개를 갸웃하게 된다.

베스트셀러는 분명 다수의 사람에게 큰 도움이 된다. 어떤 책을 고를지 혼란스럽고 간만에 책을 읽으려고 하는데 책의 종류는 너무 많으니 바로 눈앞에 보이는 베스트셀러 책을 선택할 수밖에 없다. 그렇다고 베스트셀러 책이 이상하고 내용이 형편없다는 것은 결코 아니다. 우리가 읽는 책은 책이 문제가 아니라 책을 읽는 사람이 어떤 접근을 하느냐가 문제라고 생각한다. 책을 읽고 단 5퍼센트라도 얻는 것이 있다면 그 책은 분명 읽은 사람에게 도움을 준 것이기 때문이다.

한편, 베스트셀러를 통해 우리는 최근에 사람들이 관심 있어 하는 것이 무엇인지 알게 되고 사람들이 현재 어떤 생각과 고민을 하고 있는지 알게 된다. 어떤 책이 베스트셀러가 되면 대부분은 그 책이 당시 사람들이 필요로 하는 부분을 긁어 주거나 해소해 주고 있기 때문이다.

대다수의 사람이 공통적으로 느끼고 있는 것이 책으로 나왔을 때 그 파급력은 어마어마하다. 그래서 베스트셀러를 일부러 만드는 것이 쉬운 일은 아니다. 잠시 동안은 베스트셀러에 올려놓을 수 있지만, 오래 지속되게 할 수는 없다. 그런 이유로 개인적으로는 베스트셀러보다는 스테디셀러를 더 선호한다. 베스트셀러는 굳이 꼭 읽으려고 한 적이 없지만 스테디셀러가 되는 책은 시간이 지나도 사람들의 입소문에 의해 인기가 떨어지지 않고 계속 유지되는 것이다. 이는 내가 알고 있는 누군가가 추천하는 책이라면 믿을 수 있는 것과 같다.

출판 시장은 매년 베스트셀러를 발표한다. 각 서점에서 판매지수 및 인기도, 투표 등을 근거로 해서 발표하기도 하고, 여러 단체에서도 올해의 책이라는 타이틀로 발표한다. 이 베스트셀러 목록을 자세히 살펴보면 그해에 사회에서 벌어진 현상이나 상황을 파악할 수 있고 사람들이 갖고 있는 심리와 생각들을 읽을 수 있다. 대다수의 사람이 공감하고 있기 때문에 선택된 책이 바로 베스트셀러라고 할 수 있다.

베스트셀러가 된 책이 시간이 지나도 사람들에게 지속적으로 유익한 정보를 제공하고 공감대를 형성한다면 스테디셀러가 되는 것이다. 그리고 아주 긴 시간을 지나도 읽을 가치가 있는 책이라면 우리가 말하는 '고전'이 된다. 반면, 시간이 흘러도 사람들에게 유익한 점이 있다면 그 책은 초반에는 관심을 받지 못해도 결국에는 많은 사람의 선택을 받게 된다. 어떻게 보면 이런 책이 진정한 양서라 할 수 있다.

나는 대형 서점을 갈 때면 꼭 베스트셀러 코너를 가서 어떤 책이 올라왔는지 눈여겨본다. 그 책이 좋은 책이라는 보장은 없지만 최소한 다수의 사람에게 선택을 받았다는 이야기는 무언가 좋은 점이 있다는 의미이기 때문이다. 나는 이렇게 눈여겨보았다가 시간이 지나서 읽을 기회가 되면 읽는다. 또는 베스트셀러가 되기 전에 출판사에서 보내 주었는데 그 후에 베스트셀러가 되는 경우가 있다. 그런데 그 전에는 별 관심이 없다가 베스트셀러가 되면 관심이 가는 것은 어쩔 수 없는 인간의 심리인가 보다.

베스트셀러가 꼭 좋은 책이라고 말할 수는 없지만, 많은 사람이 관심을 갖고 공감대를 형성하고 있는 책이라는 점에서 트렌드를 파악하는 데 도움이 되는 것은 분명하다.

책을
고르는 방법

—
7
—

독서가 좋다는 것은 누구나 안다. 그래서 많은 사람이 책을 읽어 과거와는 다른 사람으로 변신하겠다고 생각한다. 그러나 막상 책을 읽으려고 하면 책의 종류도 엄청나고 어떤 책이 좋은지에 대한 판단이 서지 않아 주저하게 된다. 도서관이나 서점에 가면 질릴 정도의 방대한 양에 더욱 갈피를 잡기가 힘들다. 그럼, 어떤 책을 읽는 것이 좋을까?

책을 읽는다는 것이 밥을 먹는 것처럼 일상적인 일이라면 실수를 좀 하더라도 아무 책이나 골라 읽으면 좋겠지만 처음 책을 읽는 사람의 경우 일주일에 한 권 읽는 것도 결코 쉬운 일이 아니다. 그래서 아무 책이나 무턱대고 집어 읽기에는 정력이나 시간의 낭비라는 생각이 든다. 영화는 예고편을 보면서 어느 정도 영화 전체에 대한 판단을 내릴 수 있는데 반해 책은 그런 방법으로 나에게 유익하고 맞는 책을 고를 수 없다.

가장 먼저 선택할 수 있는 방법은 베스트셀러에서 택하는 것이다. 오프라인 서점들은 물론 인터넷 서점들은 언제나 '올해의 베스트', '이 달의 베스트', '스테디셀러'와 같은 방법으로 많은 사람이 선택하는 책에 대해 알려주고 공개한다. 또 한 달 단위나 1년 단위로는 베스트에 진입하지 못했지만 오랫동안 많은 사람이 꾸준히 선택하는 책에 대해서도 소개해 준다. 이런 책들을 선택하면 최소한 실패하지 않을 수 있다.

베스트셀러라는 것은 어떤 이유와 경로를 통해 베스트셀러가 되었든 간에, 특히 월별이 아닌 1년 단위로 할 때 읽을 만한 책이라는 사실에는 의심할 여지가 없을 듯하다. 더욱이 현재 우리 사회에서 사람들의 관심사와 유행, 향후 주목해야 할 분야에 대해 미리 알 수 있게 하는 역할도 한다. 아무런 이유 없이 사람들이 그 책을 선택하는 것이 아니라 의식적으로 또는 무의식으로 선택해 이야깃거리를 만들어 내는 것이다.

이런 이유로 책을 읽고자 하는 사람이 책을 고르는 가장 보편

적이고 편리한 방법이 베스트셀러로 선정되어 있거나 스테디셀러로 선정된 책을 고르는 것이다. 특히 스테디셀러의 경우 꽤 오랜 시간이 지나도 사람들에게 지속적으로 선택받는다는 면에서는 베스트셀러보다 더 높게 평가되어야 한다. 우리가 고전을 오랜 시간이 지나도 여전히 읽는 이유와 마찬가지로 스테디셀러는 몇십 년 후에는 그런 평가를 받게 될 가능성이 있는 작품들이다.

여기서 한 걸음 더 나아가서 베스트셀러나 스테디셀러에 오른 작품을 검색하면서 그 책에 달린 리뷰가 얼마나 되는지를 살펴볼 필요가 있다. 책을 읽고 나서 리뷰를 쓸 수도 있고 쓰지 않을 수도 있다. 그런데 책을 많이 읽는 사람들이 리뷰를 쓰는 이유는 그 책을 읽고 좋았기 때문이다. 책이 별로였다면 굳이 리뷰를 쓸 이유는 없을 것이다.

베스트셀러나 스테디셀러 목록에서 리뷰가 몇 개인지를 봐서 50개면 50개, 100개면 100개를 선정해서 그 이상 리뷰가 있는 책들을 골라 읽는 방법도 괜찮은 방법이다. 나는 한때 시간을 투자해 분야에 상관없이 리뷰가 100개 이상 달린 책의 목록을 전부 기록해서 한 권씩 읽은 적이 있다. 이렇게 하니 특정 분야를 편식하지 않고 골고루 읽게 되고, 그처럼 리뷰가 많이 달린 이유를 공감할 수 있었다.

100개 이상의 리뷰가 달린 책을 다 읽은 후에는 50개로 숫자를 줄여 거기에 해당하는 책을 읽으면 된다. 이러한 방법은 독서를 시작하는 단계에 있는 사람들에게 베스트셀러나 스테디셀러 책을 골라 읽는 것 다음으로 좋은 방법으로 추천해 주고 싶다. 단, 이렇게 선정된 책들 대부분이 수준이 높지 않을 수 있다. 유명인이 추천하는 책들이 오히려 내용이 어려워 리뷰가 많이 없는 경우가 꽤 있다. 그 정도 수준의 책은 책을 많이 읽어 일정 수준이 넘어가면 스스로 선택할 훗날의 과제로 남겨 두면 되지 않을까 한다.

다른 방법으로는 자신이 공부하고자 하거나 읽고 싶은 분야에서 유명인이 추천하는 책을 읽는 것이다. 주식, 부동산, 고전 문학, 물리, 소비, 재무, 여행 등 각 분야에서 유명한 사람들을 검색을 통해 쉽게 찾을 수 있다. 해당 분야에 가장 해박한 지식을 갖고 있는 사람이 추천하는 책이라면 믿을 수 있다. 한 가지 염려되는 점은 해당 분야에 대한 해박한 지식으로 인해 이제 막 입문한 사람의 수준에 맞지 않는 어려운 책을 추천할 수도 있다는 것이다. 그렇다 해도 그분들이 추천하는 책이라면 분명히 피와 살이 될 것이다.

네이버의 '지식인의 서재'와 같은 경우에는 각 분야에서 유명하고 고수로 인정받는 사람들이 자신과 책에 관련된 이야기를 해 주고 꼭 해당 분야의 책은 아니더라도 책을 추천해 준다. 역시 어려운 책들이 다수 선택되기는 하지만 그래도 그중에서 쉬워 보이는 책을 선택해 읽으면 된다.

이러한 예로는 각 포털과 같은 곳에서 파워 블로거라고 불리는 사람들이 추천하는 책을 보는 것도 하나의 방법이다. 파워 블로거로 선정된 사람들은 해당 분야에서 나름 많은 지식을 갖고 있다. 이러한 사람들은 자신이 읽었던 책 중에 좋은 책들은 반드시 추천해 준다.

책 분야의 파워 블로거들이 추천한 책을 읽는 것도 좋지만, 그보다는 오히려 각 분야의 사람들이 자신의 분야에 해당하는 책을 읽고 추천하는 책을 골라 읽는 것이 더 큰 도움이 되는 것이 사실이다. 왜냐하면 해당 분야에 대해 잘 알고 있어 추천을 할 때 막연히 추천하는 것이 아니라 그 수준에 맞게 추천을 한다. "~수준에 있는 분들에게 좋을 것 같습니다"라고 수준에 맞춰 책을 선택하는 데 도움을 준다.

끝으로 리뷰를 읽고 책을 택하는 방법이 있다. 영화 예고편과 같이 사람들이 쓴 리뷰는 비록 책을 읽지 않아도 책에 어떤 내용이 담겨 있는지 알려 주고 주관적인 판단이 많이 들어 있기는 하지만 읽은 책에 대해 좋다 나쁘다의 가치 판단이 들어가 책을 선정하는 데 도움이 된다. 특히 리뷰를 읽고서 해당 책을 읽고 싶다는 강렬한 마음이 생긴다면 그 책은 좋은 책이다. 가끔은 책 내용보다 리뷰가 더 좋은 경우가 있기는 하지만 아무리 좋은 리뷰라도 결국에는 책 내용을 기초로 한 것이기에 책 내용과 완전히 동떨어진 것은 아니다.

이런 방법으로 책을 읽어 나가는 것도 괜찮은 방법이다. 모든 책을 다 읽을 수도 없고, 어떤 내용인지 알 수 없는 상황에서 소개의 글이 마음에 든다면 그 책을 선택해서 읽는 방법이다. 특정 분야를 분류해 거기에 해당하는 책을 소개하는 책들도 있고, 감정이나 의식의 흐름에 따라 책을 구분해서 소개하는 책들도 있다. 이러한 책들을 읽고 꼬리에 꼬리를 물며 책을 읽는 것이다. 대부분의 책이 책 내용 중에 다른 책에 대해서 언급을 하고 있다. 그러면 그 책을 읽고 거기에서 또 언급된 책을 읽으며 읽어 나가는 방법인데 사실 이것이 쉽지는 않다.

이처럼 책을 고르는 방법도 다양하다. 어떤 방법을 택하든 중요한 사실은 읽는 책이 재미있어야 한다는 점이다. 어려워도 재미있는 책은 많다. 내용이 잘 이해되지 않지만 읽으면서 무언가 하나씩 머리에 들어오는 경험을 통해 책 읽는 재미를 느끼게 된다.

제3부

읽고
배우기

책으로
학습하기

—
1
—

어릴 때 아는 형이 멋있게 기타를 치는 모습을 우연히 보게 되었다. 내가 어릴 때만 해도 기타 하나만 있으면 모든 노래를 부를 수 있었고, 무엇보다 여학생들의 인기를 독차지할 수 있었다. 그 당시에는 한 줄 한 줄 기타 줄을 뜯으며 노래를 부르는 남학생이 여학생들의 로망의 대상이었다.

그래서 나도 무척 기타를 치고 싶었다. 문제는 기타가 없다는 것과 기타를 배울 방법이 없다는 것이었다. 그래서 우선 돈을 어렵사리 모아 기타를 하나 샀다. 그런데 기타를 칠 줄 모르는 게 문제였다. 이때 내게 유일한 해결 방법은 바로 책이었다. 책은 부탁해야 할 일도 없고, 못한다고 구박받을 일도 없이 혼자서 노력하면 되니 편리하다는 장점이 있었다. 그래서 기타 교본을 사서 책에 나온 대로 따라했다. 손가락 마디마디가 아프고 굳은살이 박일 정도로 열심히 연습한 후에 가요 하나를 선택해서 코드진행에 맞게 노래 한 곡 전체를 친 경험이 있다.

그 후로도 나는 무엇인가를 시작할 때는 먼저 책으로 시작하는 경우가 많았다. 책으로 시작하지 않았더라도 시작한 후에 뒤늦게라도 관련 책을 찾아 읽었다. 흔히 말하는 교본이라는 것을 읽었다. 대개의 교본들이 단순하게 글만 있는 것이 아니라 사진이 함께 나와 있어 흉내를 내면서 스스로 연습할 수 있어 크게 도움이 되었다.

한번은 친구들을 따라 당구장에 갔다가 너무 재미있어서 도서관에 가서 관련 서적을 찾아 읽으며 당구는 각도와 포인트가 중요하다는 사실을 배웠다. 책이라는 것은 지적 만족을 위해 읽는 경우도 있지만, 실용적인 목적에서 무엇인가 배우기 위해 읽는 경우도 많다. 물론 직접 몸으로 익혀야 하는 것은 책으로 배우는 데 한계가 있다.

사실 나는 당구를 책을 읽으며 익혔지만, 강습소에 가서 배우면 몇 개월 만에 실력이 크게 향상된다고 하니 그 편이 돈도 절약

하고 친구들에게 실력도 인정받을 수 있는 편한 길이었는지도 모른다.

심지어 나는 춤도 책으로 익혔다. 내가 중, 고등학교 시절에 마이클 잭슨의 브레이크 댄스가 폭발적인 인기를 끌었는데 누군가에게 배우지 않고 브레이크 댄스 교습책을 구입해서 그걸 보고 따라하며 춤을 추기도 했다. 주변의 한 친구는 춤 동작 한 가지를 내게 가르쳐 달라고 하기도 했다.

사실 몸을 움직이면서 하는 것은 책을 보는 것보다는 누군가에게 직접 강의를 받거나 일대일 훈련을 하는 편이 실력도 금방 늘고 체계적으로 기초부터 하나씩 단계를 밟아 나갈 수 있는 좋은 방법이다. 그런데 나는 성격상 낯을 좀 가리는 편이어서 주로 책으로 배웠다. 강의를 받으면 가장 좋은 이유는 책으로 읽고 하는 것보다는 시간을 훨씬 단축할 수 있다는 점이다.

그래도 내 경우에는 책을 보고 익힌 것들이 전부 어느 정도의 수준에 이를 수 있었다. 기타도 잘 친다는 칭찬도 많이 듣고 주변 여학생들이 기타를 쳐 달라고 요청하기도 했다. 또 춤도 대학 MT 때 내 춤추는 모습을 보고 사귀자고 하는 여학생도 있었다. 당구도 진 것보다 이긴 횟수가 더 많았다. 다만 책으로 혼자서 익히면 일정 수준 이상의 실력은 뛰어넘지 못하는 듯싶다. 물론 개인차는 있겠지만 몸으로 하는 것은 머리보다 몸으로 익히고 얼마나 연습하느냐에 따라 달라지기 때문일 것이다.

안철수 씨 같은 경우에도 어느 분야를 시작하기에 앞서 관련 분야의 책을 몇 권 읽은 후에 시작하는 것으로 유명하다. 바둑도 바둑 책을 몇 권 읽고 공부한 후에 시작해서 짧은 시간 안에 실력이 늘었다는 이야기는 유명하다. 그 밖에 책을 읽는 사람들의 특징 중 하나가 책을 통해 무엇인가를 배운다는 점이다. 아니, 책으로 먼저 공부를 한 후에 시작하는 경우가 많은 듯싶다. 좋게 이야기하면 학구적이고, 나쁘게 이야기하면 고리타분하고 답답한 스타일이다.

책에는 어떤 분야를 막론하고 내가 알고자 하는 것과 나보다 앞서 걸어간 사람들의 이야기가 담겨 있다. 성공과 실패를 비롯해 그 과정에서 겪은 다양한 실례뿐만 아니라 심적인 고뇌와 환희까지 고스란히 녹아 있다. 자신이 직접 체험하기 전에 먼저 이론이나 머리만으로 알게 된다는 것은 엄청난 효과를 가져온다.

내 경우에도 부동산 경매에 대해 수십 권을 읽고 각종 카페에 올라와 있는 모든 글을 비롯해 유명하거나 실력이 있다고 하는 사람들의 글을 처음부터 시작해서 최근의 것까지 하나도 빠짐없이 다 읽고 부동산 경매를 본격적으로 시작했다. 한마디로 책으로 배운 것이다.

그렇지만 읽고 또 읽으면서 나 자신도 모르게 이미 머릿속에는 이미지 트레이닝이 되어 있어서 저절로 다음 단계를 어떤 식으로 진행해야 하는지 체득하게 되었다. 다만 책으로 배우면 한 가지 문제가 속도가 매우 느리다. 돈을 내고 강의를 들었다면 좀 더 빠른 시간에 습득해 시간을 단축할 수 있었을 거라는 생각은 들지만 그렇게라도 책을 통해 내가 하고 싶은 일에 대해 배우고 실제 현장에서 할 수 있는 기본기를 다졌다는 점에서 의미가 있다고 생각한다.

책으로 배운다고 하면 그렇게 해서는 절대로 잘할 수 없을 거라고 극단적인 말을 하는 사람들도 있다. 이론적인 면만 알고서는 현실에 부닥쳤을 때 소용없다는 논리다. 이 같은 말을 하는 사람들은 대부분 책을 통해 배우고 알기보다는 현장을 중시하고 자신의 경험을 중시하기 때문에 오히려 자신만의 세계에 갇힐 수 있다. 이론과 현장은 분명 서로 보완되어야 하는 관계다.

인류의 문명이 지금처럼 발달할 수 있었던 이유는 바로 글의 혜택임은 결코 부정할 수 없다. 전대의 경험을 글로 남겨 후대가 읽고 그 경험이 계속 유지되고 전달되어 더 발전된 결과물을 만들어 낸 것이다. 글이 없던 시절에는 후손에게 전달되지 못한 경험들이 사장되는 경우가 많아 외우고 구두로 전달하는 방법을 통해 남겼고, 종이가 나오기 전에는 일부 사람들에게만 경험이 전달되어 인류의 발전이 더딜 수밖에 없었다. 이 시기에는 경험이나 정보가 일부 사람들만의 전유물이었다.

지금은 마음만 먹으면 어느 분야를 막론하고 책으로 배울 수 있다. 물론 책으로만 모든 것을 완벽하게 알 수는 없다. 그런 이유로 경험을 강조하는 사람들이 있지만 분명한 사실은 책을 통해 우리는 모든 것을 배울 수 있고 실행할 수 있다는 점이다.

책으로 배울 것이 없다고 하는 사람들은 책을 몇 권 읽지 않고 하는 이야기일 뿐이다. 또는 자신의 분야에 대해서만큼은 책을 통해 더 이상 배울 것이 없다고 하는 사람이 있다면 그 사람은 더 이상 발전이 없고 도태될 일만 남았다. 지금도 자기 분야에서 생각하지 못한 내용이 책으로 나올 수 있고 알고 있는 내용을 읽다가 힌트를 얻을 수도 있다.

나는 실제로 많은 것을 책으로 배웠다. 책으로 배웠다고 하면 학문적인 분야나 지식적인 분야로 생각하는 사람이 많은데 수많은 분야를 책으로도 배울 수 있다. 현재 관심이 있는 분야가 있는데 낯을 가리는 성격이고 강의를 들을 시간도 없고 어떻게 해야 할지 모르겠다면 먼저 관련 분야의 책 한 권을 집어 들어 읽는 것부터 시작해 보라. 이제 당신은 새로운 세상을 보게 될 것이다. 남은 것은 어제와 다른 나를 깨닫게 되는 것이다.

책 읽기는
곧 공부다

2

책 읽는 모습을 사람들에게 많이 보여 주고 책 읽는 사람으로 사람들에게 각인이 되다 보니 신기한 점은 으레 내가 공부를 잘했던 사람인 줄 아는 것이다. 진실을 이야기하자면 나는 공부를 못했다. 정확하게는 늘 반에서 중간 정도를 했다.

    내가 학교를 다닐 때는 한 반 정원이 60명 정도였는데, 키도 늘 중간이었고 성적도 늘 중간이었다. 그나마 국어와 영어는 조금 하는 편이었지만, 수학은 풀지 않고 3번으로 전부 찍을 정도였다. 지금 돌아보면 공부에는 취미가 없었던 듯싶다. 학창 시절 대부분

중간고사나 기말고사에는 다들 밤을 새우며 공부를 한다. 보통 하루에 1~2과목 시험을 보니 전날 벼락치기로 하면 암기과목은 어느 정도 외울 수 있다.

나는 시험을 치고 와서 조금 놀다가 밤새워 공부하겠다고 저녁을 일찍 먹고 잠시 자고 일어나서 해야지 라고 생각하고 눈을 붙이면 다음 날 7시에 깨는 바람에 부랴부랴 학교에 가서 대충 시험 범위를 훑어보고 시험을 쳤던 적이 많다. 국어는 그나마 지문을 읽고 생각해서 답변하면 되고 영어는 다행히도 단어를 열심히 외운 덕분에 점수를 받을 수 있었지만 전체적으로 보면 공부를 못한 편이었다.

그런데 신기하게도 지금은 사람들이 내가 공부를 잘했을 것 같다고 하면서 모범생 스타일이었을 것 같다고 말한다. 완전히 틀린 말은 아니다. 학창 시절에 무슨 문제를 일으킨 적은 한 번도 없었다. 사실 나를 기억하는 선생님이나 친구들보다 기억하지 못하는 사람이 더 많을 것이다. 있는 듯 없는 듯 조용히 학교를 다녔으니 말이다. 특별한 목적과 목표 없이 공부를 하다 보니 딱히 공부를 하겠다고 마음먹고 한 적이 없었다. 학교에서 수업을 듣고 어쩔 수 없이 강제적으로 남아 자율학습을 하고 집에 와서 텔레비전을 보고 공부를 한다고 라디오를 듣다가 잠을 자는 게 내 일상사였다. 다만 그 당시에도 또래의 친구들에 비해서는 책을 좀 읽는 편에 속했다. 그러나 주위에 책 읽는 사람이 워낙 없기도 했다.

"공부는 엉덩이로 한다"는 표현이 맞는 듯싶다. 요즘의 청소년들은 잘 모르겠지만 내가 학교를 다닐 때만 해도 공부를 잘하는 친구들은 한결같은 몸매를 자랑했다. 오랫동안 의자에 앉아 공부를 해야만 하는 상황에 맞는 최적의 몸매로 변화한 것이다. 가장 불쌍한 친구들이 몸매는 분명 우등생의 몸매인데 성적이 나오지 않는 것이었다. 죽어라고 앉아서 공부를 하는 데도 불구하고 성적이 좋지 않은 학생들 말이다. 이런 친구들은 사실 공부하는 방법을 모르는 경우가 대부분이다.

공부는 잡념을 없애고 진득하게 앉아서 하는 것이 맞지만 보다 효율적으로 공부를 해야만 하는 것도 맞다. 우리가 학창 시절 했던 공부나 자격증을 따기 위해 하는 공부는 명확하게 그 방법이 어느 정도 정해져 있다. 시험에서 원하는 범위와 내용을 공부해야만 한다. 그렇지 않고 무작정 앉아서 첫 페이지부터 끝 페이지까지 달달 외우면 오히려 좋은 성적을 얻기 어려운 것이 입시나 자격증 시험이다.

그래서 공부하는 방법에 대한 책들도 꽤 많이 나와 있다. 다들 각자 자신의 공부 방법에 대해 설명하고 코칭을 하는 내용이다. 시중에 나와 있는 공부 방법에 대한 책들이 마음에 들지 않아 본인이 생각하는 공부 방법에 대해 직접 저술한 사람도 있다. 자기가 직접 공부를 해 보니 공부하는 방법에 대해 알려주는 책에서 나온 방법은 전혀 먹히지 않는다고 생각해서 지금도 사람들이 계속해서 공부하는 방법에 대해 자신만의 방법을 책으로 펴내고 있다.

공부를 한다는 것은 결국 '책을 읽는다'는 것과 크게 다를 바가 없다. 책이 없던 시절에는 스승과 제자가 선문답식으로 질문과 답변을 주고받으며 공부하거나, 여러 사람이 모여 각자 자신의 이야기를 주장하고 상대방의 이야기를 경청하고 나와 다름을 이해하거나 내 주장의 올바름을 논리적으로 풀어 설명하는 경우도 있었다. 이러한 공부 방법이 책을 읽는 것보다 더 많은 것을 얻을 수 있음은 부정할 수 없는 사실이다.

스승에게 직접 사사(師事)받는 것만큼 효율적이고 훌륭한 공부 방법은 없겠지만, 한편으로는 책을 통해 공부하는 방법만큼 편하고 쉬운 방법도 없다. 물론 스승에게 잘못된 점을 지적받고, 현재 부족한 점이 무엇인지 정확하게 파악하고 올바른 길로 나아가도록 제시하는 스승에게 배우는 것에는 많이 미치지 못한다.

책을 읽으며 공부를 한다는 것은 결국 자신과의 싸움이다. 누구도 알아주지 않고 몰라도 물어볼 수 없어 바로 답을 구할 수도 없다. 책을 통해서는 오로지 자신이 현재의 상황과 문제에 맞는 해결책을 스스로 찾아 읽어 보는 수밖에 없다. 또한 자신이 어느 수준에 있는지 알 수도 없다. 그저 미련하게 책을 읽고 또 읽으면서 조금씩 전진하는 수밖에 없다.

특정 분야의 지식을 쌓기 위해서 최근에는 인터넷 동영상 강의가 있어 동영상 강의를 보기도 하지만 여전히 책은 필요하다. 책이 필요한 이유는 시각을 동반하기 때문이다. 듣기만 해서는 기억에 오래 남지 않는다. 시각을 동반해야 좀 더 오래 기억에 남게 된다. 더 좋은 방법은 책을 읽으면서 중요한 부분은 구석에 적거나 따로 필기를 해 놓는 방법이다. 그렇게 하면 좀 더 오래도록 기억에 남고, 그 부분만 따로 읽어도 읽었던 책의 전부는 아니라도 어느 정도는 기억이 되살아난다.

나는 그렇게 하지 않지만 많은 사람이 추천하고 있고, 그러한 방법으로 큰 효과를 보았다고 하니 검증된 방법이라 할 수 있다. 나는 기억에 오래 남기는 방법으로 읽고 리뷰를 쓰는 방법을 선택했다. 그때그때 중요한 내용을 기록하고 여백에 적는 것만큼 효과가 있지는 않겠지만 나름 도움이 되는 방법이라고 생각한다. 왜냐하면 리뷰를 쓰기 위해서는 책의 내용을 계속해서 곱씹어 봐야 하기 때문이다.

지금 이 순간도 자신의 지식을 알려 주기 위해, 자신의 생각을 알려 주기 위해, 자신의 상상을 알려 주기 위해, 자신의 깨달음을 알려 주기 위해, 자신이 보는 것을 알려 주기 위해 수많은 책이 출판되고 있다. 우리가 아직 가 보지 못한 많은 분야에서 앞서 간 사람들의 다양한 내용이 책을 통해 우리 앞에 펼쳐져 있다. 그 사람들을 직접 만나 배우는 것이 가장 좋을 수 있지만, 현실적으로 불가능할 때가 많으니 책은 그들을 간접적으로 만날 수 있는 가장 좋은 수단이라고 생각한다.

조금은 더디고 제대로 알고 있는 것인지에 대해 불안하기도 하고, 현재 내 수준에 대해 답답하기도 하고, 읽으면서 궁금하고 막히는 것이 있어도 그 문제를 잡고 늘어져서 답을 구하지 못하고 모르면 모르는 상태로 계속 책을 읽어나가야 하는 단점은 있지만, 그럼에도 책을 읽어서 얻는 것이 훨씬 많다.

체계적으로 누군가에게 배운 것이 아니다 보니 기초나 기본이 약하다는 생각이 들기도 한다. 그런데 오히려 이런 생각 때문에 더 공부하고 책을 읽게 된다. 부족한 것을 알고 있기에 계속해서 책을 읽으며 채우려고 노력하게 된다. 그리고 나이를 먹으면서 금방 잊어버려 되새기기 위해 계속해서 책을 읽을 수밖에 없다.

"평생 공부"라는 말이 있듯이 우리는 평생 공부를 해야 한다. 그런데 대부분 입신양명이나 밥벌이를 위해 공부를 하다 보니 거꾸로 책을 읽지 않게 되었다. 입신양명을 해서 안 읽기도 하고, 공부로는 입신양명이 되지 못하는 걸 깨닫고 읽지 않기도 한다. 하지만 자신이 원하는 입신양명을 하지 못하더라도 책을 끊임없이 읽고 또 읽다 보면 어느 순간 사회에서 말하는 입신양명과는 다른 입신양명이 되어 있는 자신을 발견하게 될 것이다.

책을 읽지 않는 이유는 어쩌면 궁금한 점이 없어서 또는 호기심이 없어서 그런지도 모른다. "공부를 할 필요도 없고 공부를 해도 도움이 되지 않는데 무엇 때문에 책을 읽겠습니까?"라고 말하는 사람들도 있다. 정말 그럴까? 책을 많이 읽은 사람 중에는 나쁜 놈들도 있지만 최소한 책을 읽는다는 것은 공부를 한다는 의미로 책을 많이 읽는 사람들은 사회적으로 사람들이 존중하고 좋게 생각하는 면이 있다.

나는 계속해서 책을 읽고 있고, 지금 읽고 있는 책도 돈을 버는 것과 상관없는 책이 많지만 책을 읽으면 적어도 세상을 보는 시각에 도움을 주고 내가 지금까지 알지 못했던 사실과 진실에 대해서도 알려 준다. 이런 것들이 쌓이고 쌓이면 우리가 치열하게 공부해서 좋은 성적을 거둬야 하는 시험과는 다르지만 내가 살고 있는 사회에서 자기 자신이 고득점을 얻게 되는 것은 아닐까 생각한다.

호기심을 해결하기 위해
책을 읽은 **에디슨**

"**천**재란 99퍼센트의 노력과 1퍼센트의 영감으로 만들어진다."

이 말은 발명왕 에디슨이 한 말이다. 그는 호기심이 너무 넘쳐서 수업 시간에도 다른 생각을 하느라 집중을 하지 못해 선생님으로부터 지능이 모자라다는 이야기를 듣고 학교를 그만두었다.

이런 에디슨에게 그의 어머니는 집에서 책을 많이 읽도록 이끌었다. 그의 호기심은 단순히 호기심으로 끝나는 것이 아니라 실험으로 이어졌다. 《자연 철학의 연구》라는 책을 통해 집에서도 할 수 있는 실험을 직접 해 보면서 발명가로서의 첫발을 내딛었다.

그는 집안 형편이 어려워 기차에서 신문을 팔아 돈을 벌었지만 남는 시간에는 근처 도서관에 가서 책을 읽었다. 사람들은 일반적으로 에디슨이 단순히 호기심을 갖고 상상을 하며 연구와 실험을 통해 훌륭한 발명가가 되었다고 생각한다. 그러나 그가 발명왕이

될 수 있었던 일등공신은 다름 아닌 책이었다. 에디슨은 생활전선에 뛰어들어 돈을 벌던 시절에도 시간을 쪼개어 도서관에 있던 모든 책을 다 읽을 정도였다.

전신기사로 발명과 일을 병행했던 에디슨은 마이클 패러데이가 쓴 《전기의 실험적 연구》라는 책을 읽은 후에 큰 감동을 받아 발명에만 집중하기로 결정한다. 만약 그가 이 책을 읽지 않았다면 전신기사로서 발명이나 하는 그저 그런 발명가로 남아 사람들에게 알려지지 않았을지도 모를 일이다.

발명가로서 빛나는 업적에 가려져 에디슨의 엄청난 양의 독서는 잘 알려져 있지 않지만 그의 끊임없는 호기심을 해결하는 데 도움을 주고 발명가로 집중할 수 있게 해 주는 데 결정적인 역할을 한 것은 바로 책이었다고 할 수 있다.

책은 지식을 확장하는 데
최고의 도구

3

긴 인류의 역사에서 근래 100년 동안 폭발적인 발전을 이룩한 이유는 여러 가지가 있지만, 그중에 한 가지는 분명 책이라고 할 수 있다. 15세기 구텐베르크에 의해 인쇄술이 본격적으로 발달했지만 많은 책이 쏟아져 나올 수는 없었다. 그 당시에는 아직까지 지금과 같은 종이로 된 책을 많이 찍을 수 있는 여건이 되지 않았기 때문이다. 보다 많은 사람이 책을 접할 수는 있었지만, 책이 넘쳐날 정도는 아니었다.

　18세기 중엽에 산업혁명으로 촉발된 문명의 발달을 가능하게 한 결정적인 요소는 바로 책이다. 책이 없었다면 구전으로 전해야 하는 한계가 있기 때문에 파급 효과를 거둘 수 없고, 다음 세대에 제대로 전수되기도 힘들다. 구전으로 전달되면 전달 과정에서 전달자의 의역이나 오해가 함께 전달될 수도 있기 때문이다. 또 몇몇 사람에게 전달되는 과정에서 이미 본래의 뜻과는 전혀 상관없는 뜻으로 변질될 가능성도 크다. 그래서 좋은 내용이라도 널리 전파되지 못하고 유실되는 경우가 많았다. 소크라테스와 플라톤처럼 몇천 년 전의 사람이 전하는 내용이 지금까지 내려 올 수 있었던 것은 그들의 말을 토씨 하나 틀리지 않고 외운 후에 다음 사람에게 그대로 외우게 하여 전달했기 때문이다.

이런 이유로 지식이라는 것이 널리 퍼지지 못하고 일부 계층만 독점하며 일부의 소유물이 되어 버렸다. 그들은 고대부터 내려오는 지식을 통해 실생활에서 미리 경험하기도 전에 간접적으로 습득하고 체험할 수 있으니 배우지 못한 자보다 훨씬 유리한 입장에서 세상을 바라보고 결정을 내릴 수 있었던 것이다.

한 인간이 경험할 수 있는 것은 분명히 한계가 있다. 모든 것을 직접적으로 경험할 수는 없다. 한 사람이 가질 수 있는 지식과 지혜는 자신이 경험한 범위를 벗어날 수 없다. 양반 가문의 하인으로 태어나 살게 되면 그 범위라는 것이 뻔하기 때문에 아무리 똑똑해도 책을 통해 간접 경험을 한 어리숙한 양반 자제를 이길 수 없다. 보통 양반의 어린 자제에게 경험 많은 하인이 따라다니는 것은 책에서 배울 수 없는 직접적인 체험을 보완할 수 있기 때문이다.

지식이 일부 계층에게만 전달되면서 한편으로는 그들도 지식을 확장하는 것이 쉽지는 않았을 것이다. 기존에 있는 지식을 습득하는 것만으로도 현재 벌어지는 일들에 대해 얼마든지 대처할 수 있기 때문이다. 그러니 굳이 새로운 지식을 습득하기 위해 노력하지 않아도 이미 알고 있는 지식을 활용하면 90퍼센트 이상의 사람들보다 뛰어난 존재가 될 수 있었을 것이다.

현대인들보다 옛사람들이 더 현명하고 지혜롭다고 하는 것은 특정 지식을 반복해서 외우고 생각해 특정 부분에서는 생각에 생각을 거듭한 끝에 나온 지혜를 갖고 있었기 때문이다. 하지만 지식이라는 측면에서 보자면 지금 현대를 살고 있는 사람들이 여러 면에서 훨씬 더 많은 지식을 축적하고 있어 전체적인 면에서는 월등히 앞서 있다.

예를 들어 만약 현재 지구에서 가장 현명한 사람 중 한 명이 소크라테스나 공자를 만나 이야기를 한다면 아마도 현대의 현명한 사람은 소크라테스나 공자가 하는 이야기를 알아들어도 소크라테스나 공자는 그의 이야기를 알아듣지 못할 것이다. 소크라테스나 공자 시대에는 볼거리도 정말 적었을 테고 지식도 단순하고 한계가 있었을 것이다.

그럼에도 여전히 소크라테스나 공자의 이야기가 많은 울림을 주는 것은 보편타당한 인간의 본성에 대해 이야기하기 때문이다. 인간 자체가 느끼는 감정이나 인간이라는 존재가 갖고 있는 문제는 과거나 지금이나 별로 달라진 것이 없기 때문이다. 그런 부분에 있어서는 소크라테스나 공자가 이미 많은 이야기를 했기 때문에 그것을 인용하거나 알려 주는 것이 공신력도 크고 효과적이다.

과거와는 비교할 수도 없는 다양한 인간이 존재하는 지금 시대에는 백인백색의 이야기가 나올 수밖에 없다. 그런데도 여전히 옛사람들의 이야기에 끼워 맞춰 사람들의 마음과 행동을 규정해 버리는 것은 옳지 않다. 인지심리학, 행동심리학처럼 과거에는 존재하지 않았던 지식을 통해 보다 많은 사람에게 기존과는 다른 지식이 전파되고 있다.

과거에는 몇몇 계층에게만 특정 지식들이 전파되었기에 그들이 자신들의 세력을 유지하고 비밀리에 지식이 전달되었지만 이제는 누구나 지식을 열람하고 알 수 있는 세상이다. (여기서 말하는 것은 정보가 아니라 지식이다.) 과거에는 가진 자들의 언어라는 것이 분명히 존재했지만 지금은 가진 자들만이 쓰는 언어라는 것이 없다. 단지 이제는 쉽게 접근하지 못하게 하려고 읽기 어렵게 글을 쓴다는 차이가 있을 뿐이다.

이제는 민중이 지식을 얻고 싶어도 뛰어난 스승에게 가르침을 받을 수도 없고, 또 책을 읽을 수도 없었던 시대가 아니다. 마음만 먹으면 얼마든지 지식을 얻을 수 있고 지식을 확장할 수 있는 시대에 우리는 살고 있다. 굳이 어려운 고전을 읽으면서 획득할 필요도 없다. 지금 우리와 동시대에 살고 있는 사람들의 책을 통해서 얼마든지 지식을 얻고 내 것으로 만들 수 있다.

　지금도 수많은 책을 통해 수없이 다양한 지식들이 쏟아져 나오고 있다. 한 개인이 얻을 수 있는 지식의 한계는 존재하지만 개인들이 모여 각자 갖고 있는 지식의 한계를 보완하며 세상은 발전하고 있다. 책을 통해 우리는 우리가 알고 있는 것과 다른 시각과 관점을 만나게 된다. 지식은 책이 아닌 다른 것으로도 확장할 수 있지만, 책만 한 것이 없다고 해도 과언이 아니다.

　소위 "쓰레기 같은 책"이라는 말이 있는데, 사실 쓰레기 같은 책은 없다. 다양한 책을 통해 다양한 지식을 얻을 수 있기 때문이다. 쓰레기 같은 책에서도 새로운 정보를 얻을 수도 있고 알지 못했던 사실을 알게 될 수도 있다. 그러므로 쓰레기 같은 책은 없고 현재 내 상황에 맞지 않는 책은 있다고 하는 편이 맞다. 10자리 숫자의 덧셈, 뺄셈을 할 줄 아는 사람이 2자리 숫자의 덧셈, 뺄셈 책을 읽으면 수준이 너무 낮아 쓰레기 같다고 느낄 수도 있을 것이다. 그러나 2자리 이하 숫자를 이해하는 사람들에게는 이 책이 쓰레기 같은 책은 아닐 것이다.

만약 지식의 확장을 원하는 사람들이 있다면 더 많이 알려고 노력할 필요 없이 책을 읽으면 된다. 콩나물이 물을 흘려 버려도 결국에는 성장하는 것과 같이 다양한 책을 읽는 것만으로도 지식은 날로 확장되고 성장해 훌쩍 큰 자신을 발견하게 될 것이다.

읽어야 할 책
읽고 싶은 책

—
4
—

지금은 만화방이 거의 사라졌지만 예전에는 제법 많이 있었다. 특히 90년대에는 상당히 성행했는데 영화의 배경으로 많이 쓰였다. 만화방이 생겨나기 전에는 아주 소규모의 만화책을 놓고 장사하던 곳에 한 달에 한 번씩 만화를 보러 갔다. 대략 몇백 원을 들고 가면 만화를 볼 수 있었는데 만화가 재미있으면 다음 권을 읽고 싶어 집으로 날다시피 달려가서 구석구석을 뒤져 나온 잔돈을 들고 다시 달려가곤 했다. 그런 책 중의 하나가 《공포의 외인구단》이었다.

집에 있던 책들은 읽어야 할 책으로 부모님이 구입해 주신 것이고, 만화방에서 봤던 책들은 자발적으로 읽고 싶어 돈을 들고 가서 읽은 책들이었다. 이렇듯 읽으라고 해서 읽는 책과 읽지 말라고 해도 읽는 책들이 있다. 우리는 읽어야 할 책과 읽고 싶은 책을 알게 모르게 구별해서 읽게 된다.

우리나라 사람들은 책을 잘 읽지 않는 것으로 유명하다. 한 가구당 한 달 평균 도서 구입률이 한 권 정도라고 한다. 여기에서 교과서류나 전자책 구입을 빼면 사실상 한 달에 한 권조차 사지 않는 가구도 매우 많은 것으로 보아야 한다. 사실 몇 권을 읽어야 책을 많이 읽는 것인지 정확한 기준이 있는 것은 아니지만 적어도 한 달에 몇 권 정도는 읽어야 책을 읽는다고 말할 수 있다고 생각한다. 이럴 때 읽고 싶은 책이 아니라 읽어야 할 책들을 권유하거나 강요하기 때문에 책 읽기가 부담으로 다가온다.

누군가 어떤 질문을 할 때, 무엇을 가르쳐 달라고 할 때, 무언가 배우려고 할 때 선택할 수 있는 다양한 방법 중 하나가 책을 권유하거나 선택해서 읽는 것이다. 이런 책들은 읽어야 할 책에 속한다. 읽어야 할 책은 도움은 되지만 재미가 없다는 단점이 있다. 몸에 좋은 약이 달지 않고 쓴 것처럼 읽어야 할 책들도 그런 성향이 있다.

대표적으로 전공서적이 그렇다. 전공서적은 읽고 싶어서 읽기보다 읽어야 하기 때문에 읽는다. 아이들에게 위인전은 읽고 싶은 책은 아니지만 부모들은 교육적 효과 때문에 위인전을 읽으라고 강조한다. 부동산 중개사 자격증을 따기 위해 읽는 책도 읽고 싶어 선택한 책이 아니라 시험을 보기 위해 반드시 보아야 하는 책이다.

반면, 만화책을 읽기 싫은데 어쩔 수 없이 읽는 사람은 없을 것이다. 또 무협지를 오로지 남에게 보여 줄 목적으로 읽는 사람도 없을 것이다. 판타지 소설이나 로맨스 소설을 읽어야 할 책으로 남들에게 권유하는 사람은 드물어도 스스로 찾아서 읽는 사람은 많다. 이런 유의 책은 읽으면서 시간 가는 줄도 모르고 푹 빠져서 읽게 된다. 읽고 싶은 책은 남들의 의견과는 상관없이 내가 재미있게 읽으면 그만이다.

독서를 마음먹고 시작할 때 읽어야 할 책으로 시작했든 읽고 싶은 책으로 시작했든 간에 책을 어느 정도 읽게 되면 그때부터는 읽고 싶은 책이나 읽어야 할 책이라는 구분이 사라진다. 그리고 어느 순간부터 읽어야 할 책이 읽고 싶은 책으로 변하는 순간도 다가온다.

그래서 읽고 싶은 책으로 시작해야 재미를 느끼고 책을 계속해서 읽어 나가게 된다. 재미도 없는데 읽으라고 강요하면 반발심이 생겨 오히려 읽지 않게 된다. 세계 문학 같은 종류의 책들은 누군가에게는 재미있고 누군가에는 재미없는데도 불구하고 책을 잘 읽지 않는 사람들에게 이런 책을 읽으라고 권유하는 것은 책을 읽지 말라고 추천하는 것과 같다. 좀 더 책을 읽은 후에 이런 책을 권하면 재미있고 흥미로워 읽고 싶은 책으로 변할 것이다.

다시 말해, 읽고 싶은 책도 읽지 않고 있는 사람에게 읽어야 할 책을 추천하는 것은 먹기 싫은 약을 억지로 입에 집어넣어 약에 대한 트라우마가 생기는 결과만 초래한다. 약은 쓰지만 살기 위해 어쩔 수 없이 먹지만, 책은 솔직히 그 정도까지 인간에게 꼭 필요한 것은 아니다. 물론 책을 좋아하고 필요해서 읽는 사람들에게 이 말은 말도 안 되는 소리일 수 있지만 말이다.

다만 내가 하고 싶은 이야기는 읽고 싶은 책부터 읽으면서 책과 친밀감을 높이면 서서히 관심의 영역이 확장된다는 것이다. 물론 읽는 책의 대부분이 무협지나 판타지 소설인 사람도 있다. 그런데 그러면 어떤가? 책을 읽지 않는 것보다 최소한 그렇게라도 책을 읽는 사람은 글자를 읽는 능력이 있기 때문에 언제라도 다양한 책을 읽을 수 있다.

사실 읽고 싶은 책만 읽는 것도 지겨울 때가 있다. 또한 어느 순간 읽고 싶은 책에 읽어야 할 책도 포함하는 자신을 발견하게 된다. 우리가 원하는 것들이 꼭 거창하게 위대한 작품에만 있는 것은 결코 아니다. 대중 소설, 무협지, 판타지 소설 등 그 어떤 책 속에서도 얼마든지 얻고자 하는 것을 얻을 수 있다. 꼭 어려운 책에서만 무엇을 얻을 수 있다는 편견은 버리는 것이 좋다. 또한 자신의 수준에 따라 필요한 책들은 달라지게 마련이다.

책을 자신의 삶에
나침반으로 삼았던 **마오쩌둥**

중화인민공화국을 수립한 마오쩌둥이 1만 5,000킬로미터의 대장정에서도 결코 손에서 놓지 않고 그 험난한 길을 완주할 수 있도록 정신적 지주가 되어 주었던 책이 있다. 또한 장제스와의 투쟁 중에서 항우와 유방의 싸움을 모델로 삼고 용기를 얻게 해 주었다. 그것은 바로 《사기》다.

마오쩌둥은 평생 책을 놓지 않은 독서광으로 유명하다. "밥은 하루 먹지 않아도 괜찮고, 잠은 하루 안 자도 되지만, 책은 단 하루도 읽지 않으면 안 된다"는 그의 말은 책이 그의 삶에서 어떤 위치에 있었는지를 단적으로 보여 준다.

또한 그는 책을 단지 읽는 것에서 그치는 것이 아니라 철저히 삶에 적용하고 나아갈 방향을 세우는 데 나침반으로 삼았다. 그의 독서법은 두 가지로 개괄할 수 있는데, 하나는 세 번 반복해 읽고 네 번 익히는 '삼복사온(三復四溫)'과 또 하나는 많이 읽고, 많이 쓰고,

많이 생각하고, 많이 묻는 '사다(四多)'다. 그래서 그는 독서를 할 때면 책에 온갖 표시를 하고 여백에는 짤막한 평들을 가득 메웠다. 이 과정을 통해 내용을 곱씹고 자신의 삶에서 필요할 때면 철저히 활용했다.

그가 지리멸렬한 8만여 명의 홍군을 이끌고 20개월의 대장정을 통해 장제스(將介石)를 격파하고 혁명의 전세를 바꾸어 중국 대륙을 석권하기까지 그는 《손자병법》의 전략을 현실에 적용해 철저한 승리를 거두었다. 책은 마오쩌둥에게 있어 지식이 아니라 지혜의 보고였던 것이다.

이처럼 책이 우리에게 인생의 나침반 역할을 할 때 그 가치는 가장 빛나게 된다.

인문학을 공부하지 말고
인문을 읽어야죠

—
5
—

처음 인문학이라는 단어를 들었을 때 나는 철학, 수학, 경제학, 문학처럼 무엇인가 따로 분야가 있는 것인 줄 알았다. 그래서 서점이나 도서관에서 인문학이라는 파트를 열심히 찾아보았는데 아무리 찾아도 나오지 않아 의아하게 생각했다. 인문학이라고 꽤 유명한데 도대체 왜 인문학이라는 분야만 별도로 책이 없는지에 대해이해할 수가 없었다. 철학이나 문학 등의 책은 분야별로 모아 놓는데 아무리 찾아도 없어 내가 알지 못하는 무엇인가 있거나 세세하게 찾아보지 않아 그런 것이 아닐까 하고 생각했었다.

그 후로 인문학에 대해 딱히 정의를 찾아보거나 알아보지 않고 서점이나 도서관에 갈 때마다 인문학 분야를 찾아보고는 했다. 아무리 찾아도 나오지 않아 아마도 인문학은 철학을 다른 이름으로 표현하는 것인가 보다 라고 생각했다. 그래서 인문학은 어렵고 딱딱하고 재미없는 것이라는 편견을 갖게 되었다. 그런데 어느 순간 꼭 철학만이 인문학이 아니라는 사실을 알게 되었다. 심지어 소설도 인문학이라고 하는 말을 들었다. 이때 좀 혼란스러웠다. 도대체 무엇을 인문학이라고 하는지에 대해 궁금해져서 꼼꼼히 찾아보니 인문학이란 사람 인(人)자에 글월 문(文)에 배울 학(學)를 합쳐 놓았다는 것을 깨달았다.

결국 인문학이라는 것이 뭔가 대단한 것이라는 생각이 잘못된 것이었다. 사람에 대해 글로 써 있는 걸 배우는 것이 인문학이다. 물론 단지 글로 써 있는 것을 배우는 것이 인문학은 아닐 것이다. 그렇게 인간에 대해 배우는 것이니 이 세상 모든 것은 전부 인문학이라는 범주에 들어간다고 고쳐 생각했다. 이 세상에서 벌어지는 일을 비롯한 모든 것이 인간과 관계되어 있지 않은 것이 없으니 말이다.

그중에서도 인간의 생각과 행동 등을 포함해 인간에 집중하는 분야라고 생각하면 될 듯하다. 그래서 어려워 보이는 철학뿐만 아니라 소설이나 역사를 비롯한 다수의 분야가 인문학 범주에 포함된다는 사실을 알게 되었다. 사실 철학을 인문학이라고 알고 있을 당시에는 인문학은 가까이 하기 힘든 분야라고 생각했는데 그때도 소설을 읽고 있었으니 인문학을 가까이 접하고 있었음에도 내 자신은 몰랐던 것뿐이다.

인문학은 언제나 우리 곁에 함께하고 있음에도 요즘 인문학을 배워야 한다는 열풍이 거세게 불고 있다. 우리나라에서 인문학 열풍이 불게 된 계기는 스티브 잡스가 큰 영향을 미쳤다. 스티브 잡스는 소크라테스와 이야기를 할 수 있다면 자신이 갖고 있는 전 재산을 줘도 좋다고 말했다. 아이폰의 빼어난 디자인과 인간 친화적인 콘셉트는 인간에 대한 탐구에서 나왔고 그것은 바로 인문학에서 출발했다. 이런 이유로 우리나라 CEO들과 사회의 지도층이 엄청난 관심을 갖게 되었고, 사회에 급속도로 확산되며 인문학과 관련된 다양한 책들이 출판되고 사람들도 너도나도 읽게 되었다.

덕분에 그전에 사람들의 관심 분야에서 밀려나 있던 인문학이 이제는 열풍을 몰고 올 만큼 관심 분야가 되었다는 측면에서는 분명히 긍정적이다. 그렇게라도 사람들이 관심을 갖고 책을 읽는다면 좋은 영향임에 틀림없다. 이제는 많은 사람이 인문학에 관심을 갖고 인문에 대해 이야기를 나눌 정도로 인문학 분야의 책을 읽는 사람이 크게 증가했다. 관련 책들이 우후죽순처럼 쏟아져 나오는가 하면 인문학 강의도 엄청나게 많아졌다. 아쉬운 점은 많은 인문학 강좌가 CEO를 대상으로 한 고액 강의라는 점이다. 그러나 점차 일반인을 상대로 한 강의가 확산되어 가고 있다.

　사람들이 인문학에 대해 공부하는 것은 바람직하지만, 문제는 인문학에 대해 공부는 하는데 정작 인문책은 읽지 않는다는 점이다. 여러 강좌의 커리큘럼을 살펴보면 꽤 많은 인문 분야를 다루고 있다. 여러 철학자들을 다루기도 하고, 역사를 배우기도 하고, 유명한 고전 소설을 다루기도 하고, 유명한 미술작품에 대해 배우기도 하며, 심지어 고액의 강좌에서는 그 현장을 직접 탐방하기도 한다.

　물론 내가 인문학에 대해 깊은 식견을 갖고 있는 것은 아니지만 이는 좀 이상하다는 생각이 든다. 요즘 이렇게 인문학을 읽어라 내지 인문학 이렇게 시작하라는 유의 책들이 인기가 높은데 정작 그런 책들에서 소개하고 있는 인물들이 쓴 책이나 소개된 책을 읽지는 않는다. '고전으로부터 배우는 경영'과 같은 강의나 책에서 이를테면 《죄와 벌》이나 《몬테크리스토 백작》에 대해 설명하고 우리가 배워야 할 점과 적용해야 할 점에 대해서 알려주고 설명을 위해 본문의 아주 일부만 인용해서 보여 준다. 그리고 정작 그 책은 읽지 않는 것이다. 이렇게 하면 그 책을 읽은 것도 아니고, 제대로 배운 것도 아니지만 대부분의 인문학 강의나 공부가 이런 식으로 이루어지고 있다. 이런 유의 책이나 강의는 어디까지나 그런 책이나 인물에게까지 인도하는 역할을 할 뿐이다. 다시 말해, 물가까지 데려가 줄 수 있을 뿐 물을 직접 떠먹는 것은 오로지 본인의 몫이다.

또한 그런 책이나 강의를 통해 보게 되고 듣게 되고 알게 되는 것은 어디까지나 책을 저술한 저자나 강의를 한 강사의 의견일 뿐 원저자가 말하는 본래의 의도와 뜻이 아닐 수도 있다. 자신이 직접 그 책을 읽고 되새겨 보면 강사가 이야기한 것이나 관련된 책을 저술한 저자와는 완전히 다른 것을 느끼고 알게 된다. 오히려 인문학 공부가 마치 주입식 교육을 받듯 모든 사람이 똑같이 생각하고 똑같은 방향만 가게 되면 그것은 큰 문제다.

인문을 배우는 가장 큰 의의는 자신만의 시각으로 세상을 바라보고 생각할 수 있는 틀을 갖게 된다는 것이다. 역사를 통해 우리는 많은 것을 배우지만 누군가는 전쟁의 승리에서 배우기도 하고, 누군가는 전쟁의 과정에서 배우고, 누군가는 전쟁의 소용돌이에서 고생하는 민초들에게서 배운다. 다들 각자 직접 읽으면서 느끼는 것이 바로 인문을 공부하고 읽는 이유가 아니겠는가.

샤르트르의 《문학이란 무엇인가》에는 이런 이야기가 나온다. 어떤 사람이 전쟁에서 승리하는 방법을 배우고 싶다고 장군을 쫓아다녔는데 그는 역사에서 배우라고 했다. 그러자 그 사람은 역사에서 무엇을 배우겠느냐, 전쟁에 직접 참여해야만 배울 수 있지 않겠냐고 대답했다. 그러자 그 장군은 그렇다면 전쟁터에 60번 참여한 저 개에게 가서 배우라고 말했다.

어쩌면 지금 우리의 모습이 이럴지도 모른다. 다들 인문을 배우려고 하는 이유가 남들과 다른 나를 찾고 싶기보다는 솔직히 남들과는 차별화된 나를 만들고 경쟁에서 이기기 위해 배우려고 하는 듯하다. 인문에서 우리가 배울 수 있는 것은 그런 것이 아님에도 말이다.

차별화된 자신을 만들어 남들과의 경쟁에서 이기려는 목적으로 인문을 공부하기 위해 강의를 듣거나 책을 읽는 사람들은 한 작품이나 한 사건에 대해서 오로지 그 작품이나 사건에 대해 이야기를 전달해 주는 강사나 저자의 이야기만 듣고 배운다면 과연 차별화된 자신을 만들 수 있을까? 다들 같은 책을 읽고 같은 강의를 들으면 결국 같아질 것이기 때문이다. 자신의 생각과 관점으로 바라봐야 하는데 모든 사람이 같은 생각과 관점으로 바라보고 토론해 봐야 결국은 비슷한 결론만 나오지 않겠는가? 여러 의견과 생각들이 부딪치면서 정반합이 이루어져야 새로운 것도 나올 수 있다.

실제로 인문학 책을 읽으면 인문 책보다 더 재미있고 흥미로운 것이 사실이다. 하나씩 하나씩 알려 주고 떠서 먹여 주니 쉽고 편리하다. 인문 책에서는 직접 느끼고 깨닫고 알아야 하기 때문에 시간과 정력이 더 소모된다. 그러나 이런 과정이 쌓이면 그 결과는 확연히 틀릴 것이다.

인문학의 열풍 속에서 과연 현재의 방향이 맞는지 인문을 공부하는 입장에서 고민하고 생각해 봐야 할 문제가 아닐까 한다.

책 읽는 사람이
교양이 있는 것은 아니다

—
6
—

소위 '지식인'이라는 말 속에는 책을 많이 읽는 사람이라는 뜻이
어느 정도 내포되어 있다. 우리는 흔히 책을 많이 읽는 사람은 교
양이 넘치고 예의범절도 잘 지키고 공중도덕도 일반인보다는 잘
지킬 것이라고 생각한다. 그러나 이는 그야말로 엄청난 착각이다.
책을 읽는 행위 속에는 어느 정도 지식에 대한 탐구와 굶주림을
해결한다는 의미가 내포되어 있다. 그런데 이것은 어디까지나 앎
의 문제이지 실천의 문제가 아니다. 책을 많이 읽는 사람 중에는
그나마 개망나니가 드물기는 하다. 자신에 대해 탐구하는 일 중

하나가 바로 책읽기라는 행위여서 책을 많이 읽는 사람은 잘난 체하는 면은 없지 않아 있을지라도 예의범절을 잘 지키는 편이다.

이와 반대로 도대체 책을 읽고 무엇을 배우고 실천하는지 모르겠다고 생각하는 사람들도 있다. 책을 읽는 행위는 단지 자신의 안위와 지적 만족을 충족하기 위한 방편은 아니다. 결국에는 실천의 문제와 연결되기 때문이다.

책만 읽는 사람을 비난하는 사람들에게 먼저 묻고 싶은 것은 그럴 만큼 책을 읽고 실천해 보았는지의 여부다. 자신이 책을 읽지 않는 것에 대한 자괴감의 발로는 아닌가 하는 의심도 든다. 아무리 책을 많이 읽어도 현장에 답이 있다고 말하는 사람들이 대체적으로 자신은 현장에서 모든 것을 배웠기 때문에 책을 읽을 필요가 없다는 말을 한다. 한마디로 경험이 최고라는 것이다. 사업의 창업자들이 이런 생각을 많이 갖는다. 본인이 경험한 것이 최고여서 다른 사람의 이야기는 들을 필요가 없다는 식이다.

물론 경험만으로 모든 것을 이룩했으니 그 부분에 대해 할 말은 없지만 만약 지금도 똑같이 할 수 있냐고 한다면 그건 쉽지 않을 것이다. 그 당시와는 많은 것이 달라졌기 때문이다. 변화된 환경에 대해 새롭게 배우지 않는다면 결코 다시 성공할 수 없을지도 모른다. 모든 것을 처음부터 경험만으로 다시 한다는 것은 분명히 한계가 있다. 어느 정도 책을 활용하면 도움을 받을 수 있다.

우리 사회는 이런 경우를 제외하고 거의 대부분은 책을 읽는 사람에게 우호적이다. 본인은 책을 많이 읽지 못했을 경우 책을 많이 읽는 사람에게 부러움을 표시한다. 책을 많이 읽는다는 의미가 사회적으로, 도덕적으로 더 우수하고 뛰어난 존재가 된다는 것은 분명히 아니지만 말이다.

이 때문에 때로 책을 많이 읽는다는 것이 교만의 싹을 키우기도 한다. 책에는 온갖 세계가 존재한다. 우리가 경험하지 못하고 경험할 수도 없는 다양한 세상이 존재한다. 이를 우리가 책을 통해 간접적으로 경험한다고 해서 이것이 곧 남들보다 우월한 존재라는 의미는 아니다.

그러나 소위 책을 많이 읽었다는 사람 중에 교만한 사람들이 제법 있다. 자신의 존재를 위에 놓고 책을 많이 읽지 않은 사람을 아래로 내려다보는 시선으로 쳐다본다. 이는 책을 제대로 읽지 않고 탐구하지 않은 결과라 생각된다. 어설프게 배우고 익히면 지식은 곧 독으로 작용해 자신이 많은 것을 알고 있다는 착각을 불러일으킨다.

오히려 책을 정말 많이 읽고 지식이 많은 사람은 겸손해질 수밖에 없다. 아무리 똑똑하고 제법 알고 있다고 자랑하고 싶어도 무한한 책의 세계 앞에서 감히 알고 있다고 자신할 수 없기 때문이다. 자신이 알고 있는 지식은 극히 일부에 지나지 않는다는 사실을 깨닫지 못하는 이상 혼자 잘난 맛에 살아갈 수밖에 없을 것이다.

또한 책을 많이 읽게 되면 다른 사람의 입장에서 생각하는 법을 알게 되므로 남들을 배려할 줄 알고, 무한한 지식의 세계에서 자신이 얼마나 작은 존재인지를 알기에 겸손하게 된다. 가끔 서점에 가면 이해할 수 없는 사람들을 보게 된다. 그래도 서점에 와서 책을 고르고 읽고 있는 사람들이라면 교양이 있는 사람이라 할 수 있다. 바쁜 시간을 쪼개 서점에 들러 원하는 책을 찾고 어떤 책인지 확인하는 시간을 투자하는 것이 바로 그 증거다. 그런데 어떤 사람들은 교양이라는 것과는 전혀 동떨어진 행동을 한다. 자신이 찾는 책을 보기 위해서 자신의 짐을 다른 책 위에 버젓이 올려놓고 있거나, 다른 사람들이 책을 찾고 있을 텐데도 책을 들고 있는 것이 무거운지 책을 다른 책 위에 떡 하니 펼쳐놓고 읽는다.

우리가 책을 많이 읽어야 하는 이유 중 하나는 좋은 말씀을 많이 읽어 인격을 닦고 바르게 살기 위한 기준을 세우는 것도 포함된다. 만약 그렇지 않다면 먹고살기 위한 지식을 쌓기 위한 목적이 있지 않는 이상 굳이 많은 책을 읽을 필요는 없을 것이다. 단지 머릿속에 지식만 많이 쌓아 두고 실천하지 않는다면 죽은 지식에 불과하다. 또한 인격이 바르지 않다면 아무리 많은 책을 읽고 지식을 쌓아도 남들에게 인정받지 못할 것이다.

제4부

책에 대한
생각

책 쇼핑
중독

책을 많이 읽는 사람들이 갖고 있는 축복인지 재앙인지 모를 일이 한 가지 있다. 그것은 남들과는 다른 쇼핑 중독자라는 점이다. 우리들이 흔히 채널을 돌리다 우연히 본 홈쇼핑채널에서 나온 상품을 보고 괜찮다는 느낌이 들어 충동구매를 하는 것과 비슷하게 책을 많이 읽는 사람 중에는 책 구입 중독인 사람들이 있다.

백화점이나 마트에 수시로 가서 아이쇼핑을 하려고 했다가 즉흥적으로 구입을 하거나 나중에 구입을 하려고 마음을 먹고 나오는 것처럼 책을 많이 읽는 사람들 중에 이러한 아이쇼핑 증상을 갖고 있는 사람들이 있다. 정기적으로 대형 서점이나 중고 서점을 가거나, 인터넷 서점을 보면서 새로 나온 책을 둘러보고 관심이 있는 책을 찜해 놓고 결국 어느 순간 결제 버튼을 누른다. 또는 계산 창구에서 책을 잔뜩 쌓아놓고 차례를 기다린다.

쇼핑 중독 중에서는 가장 고상한 중독이라고 할 수 있지만 사실 본인 이외에 다른 사람들 눈에는 이상한 사람이 되기는 마찬가지다. 집에 책이 한 권 두 권 쌓이는 것도 모자라 또 기어이 책을 쌓아 놓는 모습을 보면서 아무리 마음의 양식이라고는 하지만 쇼핑은 쇼핑인지라 나가는 돈도 만만치 않고 사 놓고서 다 보지도 않으면서 책 구입을 자제하지 못하는 모습을 주위 사람들은 이해하지 못한다.

쇼핑 중독에 빠진 사람이 마음에 드는 신상을 발견했을 때 도저히 참을 수 없는 에너지가 분출되고 눈을 감아도 눈을 떠도 밥을 먹어도 신상이 눈앞에 아른거리면서 떠나지 않아 결국에는 카드마다 한도 초과에 이르듯이, 책을 읽는 사람들에게도 이러한 책 구입 중독이 있다.

특히 여러 분야의 책을 읽는다고 해도 자신이 유난히 좋아하는 분야에 새로운 책이 등장하면 그 책의 광고문구나 대략적인 내용을 읽어 보고 어떤 내용인지 호기심을 참을 수 없어 사고 싶은 충동이 마구 샘솟는다. 만약 그 책을 간직하지 않으면 계속해서 불안한 마음이 든다.

책을 구입하고 나서 당장 읽는 것은 아니다. 신상을 수집하는 사람들이 꼭 그 옷을 당장 입고 나가지 않는 것처럼 읽고 싶은 책을 선택하고 집에 배달되거나 서점에서 사 왔다고 해서 그 즉시 그 책부터 읽는 것은 아니다. 새로 구입한 책 말고도 읽으려고 쌓아 놓은 책은 이미 가득하다. 자기를 읽어 달라고 늘 그 자리에서 한결같이 나만 바라보고 있는 책들이다.

그렇다고 구입한 순서대로 책을 읽는 것도 아니다. 구입한 순서와는 상관없이 읽고 싶은 책부터 즉흥적으로 읽게 된다. 꼭 필요해서 읽어야 할 책이 아니라면 우선순위가 뒤로 밀리고 다음으로 읽어야지 하고 마음만 먹고 있다가 선택해서 읽게 되기도 하고, 우연히 다른 사람들의 이야기를 듣거나 관련 내용이 소개되었을 때 차일피일 미루던 책이 갑자기 생각나서 관심이 더해져 먼저 선택해 읽기도 한다.

누군가 강력히 추천한 책을 보니 재미있을 것 같고 평소에 궁금해하던 내용이 담겨 있으면 일단 구입부터 하게 되는 경우가 많다. 이미 읽고 있는 책이 있어 다 읽고 읽으려고 마음을 먹고 있는데 이상하게 그 책이 아닌 다른 책을 집어들어 읽게 되는 경우가 종종 있다. 쌓아 놓은 책이 많으면 이런 일이 발생한다.

집에 있는 책들은 결단코 다 읽을 생각이지만, 끊임없이 새로 구입하는 책들로 인해 계속해서 읽어야 할 책 목록이 늘어나는 바람에 어느 순간부터는 그냥 특별한 계획이나 순서 없이 손에 잡히는 대로 읽게 된다. 어차피 좋아서 구입한 책들이므로 언제 읽어도 읽어야 하는 책들이니 순서가 문제가 아니라 읽으면 된다고 생각한다.

쇼핑 중독자들이 쇼핑을 멈추는 방법은 물건을 보지 않으면 된다. 카드를 없애는 것도 하나의 방법이다. 책을 구입하는 방법을 멈추는 것은 서점을 가지 않거나 인터넷 서점을 보지 않는 것이다. 아니면 본인이 갖고 있는 책을 다 읽을 때까지 단 한 권의 책도 구입하지 않으면 된다. 그러나 이는 분명히 쉽지 않은 일이다.

의외로 책 구입하는 것으로 스트레스를 풀 때도 있다. 무언가일이 잘 안 풀리고 답답할 때 좋은 책을 찾아보고 그 책을 발견하고 구입하는 맛은 책을 읽는 사람들에게 책을 읽으면서 느끼는 것과는 또 다른 에너지를 샘솟게 하는 효과가 있다. 한동안 잠잠하다 다시 책을 구입하기 시작하면 또다시 병이 도졌냐는 말을 듣기도 한다.

아마 위의 이야기가 도저히 이해가 되지 않는 사람도 많으리라 생각된다. 책을 구입하면서 그런 쾌감이나 심지어 카타르시스까지 느낀다는 것이 신기할 수도 있다. 그러나 책을 많이 읽는 사람들이나, 혹은 독서 애호가가 되면 분명히 동감하리라 생각한다.

중독에는 여러 가지가 있지만 책 쇼핑 중독보다 발전적이면서 긍정적인 쇼핑 중독도 없을 듯하다. 좋은 책을 발견하고 구입하고 읽었을 때의 희열은 그 어떤 쾌락 못지않게 책 읽는 사람들에게는 강렬한 자극을 준다.

오늘도 어디선가 중고 서점이나 헌책방을 기웃거리고 새로운 신간이 나오지 않았나 하면서 대형 서점에서 책을 살펴보고 인터넷 서점을 통해 이 책 저 책을 보고 있는 사람들에게 책 쇼핑 중독만큼 즐겁고 행복한 중독도 없을 것이다.

살면서 중독은 아니더라도 책을 쇼핑하며 희열을 맛보는 기쁨을 만끽해 보는 것은 어떨까?

책을 꼭 소장할
필요는 없어요

—
2
—

　어느 날부터인가 사람을 만날 때면 책을 한 권 선물하고 있다. 집에 책이 가득히 쌓여 있고 서재를 빽빽하게 채운 책을 보면서 흐뭇할 수도 있겠지만, 이것도 하나의 욕심이라고 생각한다. 특히 나는 어지간해서는 한 번 본 책은 다시 보지 않는 스타일이어서 책을 끝까지 갖고 있는 것은 공간의 낭비이고, 책 자체의 의미도 퇴색된다는 생각에서 사람들에게 책을 선물하게 되었다.

　예전에 한때 책 나눔 운동이 유행했었다. 본인이 다 읽은 책을 공공장소에 놓아둠으로써 사람들로 하여금 가져가서 읽게 하는 운동이었다. 지식은 널리 전파되어야만 그 의미가 있는 것처럼 책을 갖고 있다고 그만큼 지식이 계속 머리에 남아 있는 것도 아니니 책을 꼭 갖고 있어야 할 의미는 없다고 생각한다.

유명한 지식인이나 사회 지도층의 인터뷰를 볼 때 자주 등장하는 장소가 바로 서재다. 네이버에는 '지식인의 서재'라고 해서 명사들의 서재를 소개한다. 그럴 때면 그들의 서재에 엄청나게 많은 책이 있는 모습을 볼 수 있다. 또 도서 관련 카페를 보면 자신의 서재를 사진으로 찍어 공개하는 곳도 있는데 붙박이장에 천 권 넘는 책이 꽂혀 있거나, 예쁜 책장에 가득하게 꽂혀 있는데 이것은 책을 좋아하는 사람들이라면 누구나 갖고 있는 꿈 중의 하나일 것이다. 자신만의 서재에 책이 가득 꽂혀 있고, 그곳에 앉아 여유롭게 독서를 하는 것 말이다. 집 안 가득히 책이 쌓여 있는 모습은 상상만 해도 흐뭇하고 왠지 있어 보인다. 카페 중에서도 한쪽 면이 전부 책으로 되어 있는 카페는 분위기 있게 느껴지고 고상해 보인다.

서재를 찍은 사진 중에서 가장 인상적이었던 것 중 하나가 집 안 가득히 책으로 둘러싸여 있는 집이었다. 작가의 집이었는데 각종 책을 읽고 선물받기 때문에 책이 엄청나게 많아 책을 인테리어 소품으로 효과적으로 사용해 집 구석구석까지 책으로 도배를 했다고 해도 과언이 아닐 정도로 책으로 둘러싼 모습이 꽤나 인상적이었다.

책을 읽으려는 용도보다 인테리어 측면에서 책을 소장하기도 한다. 책으로 인테리어를 하는 방법에 관한 책도 있는데, 집 내부 장식에 책을 활용해서 소품으로 놓아둔다. 양장본은 좀 더 우아한 분위기를 연출할 수 있고, 두꺼우면서 고딕풍의 외국 서적은 엔틱 풍의 분위기를 한껏 연출해 집의 품격을 올려 주기에 제격이다.

사회적으로 성공한 유명인사의 집 내부를 보여 주는데 책이 없다면 왠지 수준이 한 단계 떨어지는 듯한 인상을 받는다. 편견일 수 있지만 집 내부에 책이 없다는 것은 어딘지 모르게 내적인 면에 충실하지 않다는 느낌을 받기 때문이다. 반면, 방 한 칸에서 살고 있는 사람이라도 방 한쪽에 책이 가득 쌓여 있는 모습을 보면 그 사람이 결코 허투루 보이지 않고 그 사람의 미래는 분명히 밝을 것이라는 선입견 내지 편견을 갖게 된다. 책을 갖고 있다는 것이 그 사람의 지식이나 자산을 나타내는 것은 아닌데도 말이다.

책이 그 사람의 인격이나 지식을 그대로 보여 주는 것은 아니지만 아무튼 집에 책이 많으면 왠지 유식하고 고상해 보이는 것은 사실이다. 그러나 책이 집에 쌓이고 쌓인 상태에서 이미 다 읽은 책들이 여기저기 산재한 채 주인의 손길도 받지 못하고 그저 공간만 차지하고 있다면 그것은 그 책에 대한 예의가 아닐 수도 있다. 더욱이 주인에게는 공간만 차지하는 이 책이 누군가에게는 새로운 지식과 영감을 줄 수 있다면 주인이 계속 갖고 있는 것은 오히려 사회적으로 보면 손실이 아닐 수 없다.

　이럴 바에는 그 책들을 누군가에게 선물하는 것이 낫다. 받은 사람도 기분 좋고 도움이 되며, 책도 만약 감정이 있다면 훨씬 기뻐할 것이다. 책이 탄생한 이유는 지식을 알리기 위함이니 말이다. 그리고 주는 사람의 입장에서도 자신에게는 이제 의미가 없는 책이 받는 사람에게 의미를 부여한다면 그보다 더 좋은 일은 없을 것이다.

　내가 선물을 해 보면 이런 사실을 확인할 수 있다. 주는 나도 기분 좋지만 받는 사람도 한 사람도 예외 없이 기뻐하고 좋아하는 모습을 볼 수 있다. 그리고 나중에 책 선물을 언급하며 정말 고마웠고 덕분에 좋은 책을 읽었다고 하거나 도움이 되었다는 말을 들으면 큰 행복감을 느끼게 된다. 책 선물이 계기가 되어 주는 사람과 받는 사람의 관계도 더 돈독해지고 무엇인가 같은 걸 공유했다는 공감대도 생겨난다.

　나는 누가 책을 선물로 주면 설사 그 책이 내게는 별로였다고 해도 무조건 소장한다. 특히 저자의 사인이 있는 책은 평생토록 소장할 가치가 있다. 책을 소장함으로써 저자와의 추억도 함께 간직하는 의미가 있으니 말이다.

　결론적으로 의미 있는 책은 평생토록 소장하더라도 안 읽는 책은 사람들에게 선물하는 것도 상대에게는 물론 책에게 의미 있는 일이라고 생각한다.

평생의 길을 책에서 찾은
근대 교육의 아버지 **페스탈로치**

근대 교육의 아버지라고 불리는 페스탈로치는 "예전에는 모든 것이 단순해서 사람들이 배워야 할 것이 많지 않았다. 농업을 통해서만 음식을 얻을 수 있었던 과거와 달리 이제는 가난한 사람들에게 정부에서 지원하는 공교육이 반드시 필요하다. 공교육을 통해 가난한 사람들은 낮은 사회적 지위에서 벗어날 수 있다"라고 현대 공교육의 필요성을 전파했다.

교육을 통해 가난을 벗어날 수 있다는 페스탈로치의 생각은 장 자크 루소의 《에밀》에서 영향을 받은 것이다. 가난한 사람들을 돕고자 법률가가 되려고 했던 페스탈로치는 아이의 성장 단계에 따른 이상적인 교육 내용을 소개하고 있는 《에밀》이라는 책을 만나고 나서 교육을 통해 참된 인간을 만드는 것이 더 중요하다는 사실을 깨닫고 아이들의 교육에 헌신한다.

* 지식이나 진리는 암기로 얻어지는 것이 아니라, 발견하고 깨우치는 것이라는 장 자크 루소의 사상은 현대 교육을 탄생시킨 페스탈로치를 통해 지금과 같은 학교로 발전하게 되었다. 가난한 사람들을 돕는 삶을 살고자 했던 페스탈로치에게 책은 인생의 방향성을 제시하고 평생 헌신할 일을 제시했다.

이처럼 사람이 책을 만들지만 책은 한 인간의 운명을 결정짓는다.

도서관에서 빌리는
즐거움

—
3

책을 읽겠다고 결심을 한 후 막상 책을 읽으려고 하면 읽어야 할 책이 무궁무진하다는 사실에 놀라움을 금치 못한다. 지금까지 알지 못했던 세계가 펼쳐지는 것에 대해서도 놀랍지만 읽어야 할 책이 엄청나게 많다는 사실에 다시 한 번 놀라게 된다. 대형 서점에만 가 봐도 사람들로 가득한 것을 볼 수 있다.

우리나라 사람들이 책을 읽지 않는다는 사실은 매스컴에서 단골 주제로 나오는 이야기지만 대형 서점에 가 보면 이것이 사실일까 하고 의구심이 들 정도로 많은 사람이 책을 고르고 있는 모습을 볼 수 있다. 특히 주말에 가 보면 사람들이 빽빽이 들어 차 있어서 움직이기 힘들 때도 있다. 요즘은 책을 구입할 때 많은 사람이 인터넷 서점을 이용하지만, 서점에 가서 책을 훑어보고 어떤지 확인한 후에 책을 선택하는 사람도 많다. 어떤 사람들은 서점에 앉아서 한 권을 다 읽는 사람도 있다. 보고 싶은 책은 많고 갖고 있는 돈은 적다보니 궁여지책으로 선택한 방법일 것이다. 사실 서점 측에서도 제재를 가하지는 않지만 개인적으로는 떡 하니 자리를 차지하고 앉아 책을 선택하는 사람들까지 방해하는 사람들을 좋게 생각하기가 힘들다. 독서인으로서 타인을 배려하는 마음가짐이 부족해 보이기 때문이다.

책을 선택하고 읽는 것은 좋은 일이지만 책을 많이 읽기 시작하면 그때부터는 딜레마에 빠지게 된다. 읽어야 할 책은 눈에 들어오고 책을 살 수 있는 능력은 한정되어 있으니 입맛만 다시면서 다음을 기약할 수만도 없는 노릇이다. 책 한 권 가격이 최저 1만 원 정도는 한다고 할 때 몇 권만 구입해도 그달 자신의 용돈 중 상당한 금액을 소비하는 것이므로 추가로 구입하는 것이 쉽지는 않다. 돈을 많이 벌어 무한정 사면 가장 좋겠지만 그것이 마음대로 되는 일도 아니고 쉽지도 않다.

그래서 나는 선택한 방법이 도서관에서 책을 대여해서 읽는 것이다. 읽어야 할 책의 목록을 추리고 그 책을 모두 읽으려고 하니 책 구입비가 만만치가 않았다. 수입은 한정적인데 매월 읽고 싶은 책을 계속 살 능력이 되지 않았다. 그렇다고 독서를 중단할 마음은 전혀 없었다.

한 권을 사서 여러 번 읽는 방법도 있겠지만, 나는 한 번 읽은 책은 다시 읽고 싶지가 않아서 그렇게 할 수가 없었다. 그래서 내가 할 수 있는 최선의 방법은 바로 도서관에 가서 책을 빌려 읽는 것이었다.

주말이면 도서관으로 가서 책을 읽는 사람들도 있는데 나는 서점에서든 도서관에서든 책을 읽고 싶지가 않아서 서점에서는 어떤 책이 새로 나왔는지, 도서관에서는 어떤 책이 구비되어 있는지 확인하면서 마음에 드는 책이나 혹은 보려고 했던 책이 눈에 띄면 그 즉시 도서관에서 대여할 수 있는 권수까지 채워서 빌린다.

도서관에서 빌려 보면 기한 내에 책을 반납해야 하는 압박감이 싫다고 하는 사람도 많다. 그런데 내게는 오히려 이것이 가장 큰 장점이다. 책을 빌리면 보통 2주라는 기간이 정해져 있고 추가로 1주 정도의 기간을 연장할 수 있다. 그러나 대여가 잘 되는 책은 대여 기간 연장이 안 될 수도 있기에 그런 책들은 대여하자마자 그 즉시 집에 가서 인터넷을 통해 연장을 해야 안심하고 여유 있게 읽을 수 있다.

책의 대여 기간이 최대 3주라는 기간이 정해지면, 도서관마다 최소 3권에서 5권까지 빌릴 수 있기에 그에 맞게 한 권당 며칠 내로 읽어야겠다는 생각을 어렴풋이 한다. 거의 대부분 정한 목표보다는 빠른 시간에 읽기는 하지만 그래도 언제까지 읽어야 한다는 목표가 명확하기 때문에 도서관에서 빌린 책들은 거의 예외 없이 다른 책보다 우선순위로 읽게 된다.

이를테면 얇은 책은 이틀 정도, 두꺼운 책은 사흘 정도, 어려우면서 두꺼워 보이는 책은 일주일 정도를 목표로 정한다. 그래서 도서관에서 책을 선택할 때 두껍고 어려운 책을 선택하면 다른 책들은 상대적으로 가볍게 읽을 수 있는 책으로 선택한다. 기한 내에 책을 반납해야 하기 때문이다. 개인적으로 연체를 싫어해서 기한 내에 읽으려고 최대한 노력을 하고 지금까지는 거의 대부분 기한을 어긴 적이 없이 모두 읽고 반납했다.

그러나 도서관에서 빌리는 최대의 단점은 현재 서점에서 인기 있는 책을 그 즉시 빌려 볼 수 없다는 점이다. 도서관에서 아직 구비하지 않은 경우도 있지만, 사람들이 즉시 빌려가기 때문에 한참 지나야 빌릴 수 있을 때가 많다.

무라카미 하루키의 《1Q84》의 경우에는 거의 1년 동안 도서관에서 구경도 하기 힘들 정도였다. 들어오면 즉시 대여되거나 예약이 이미 한 달 이상 밀려 있었기 때문이다. 그래서 결국에는 도서관이 아닌 다른 경로를 통해 빌려 읽었다.

나는 집 근처에 있는 3~4개의 도서관을 돌아다니며 책을 고르기 때문에 웬만한 책들은 거의 빌릴 수 있다. 심지어 내가 사는 곳에서 멀리 떨어져 있는 서울시청 도서관이나 정독 도서관도 가끔 성지 순례하듯이 가서 구경하고 빌리기도 한다.

그런데 우리나라는 도서관의 숫자가 매우 적다. 만약 도서관의 숫자가 1만 개 정도 된다면 양질의 좋은 책들이 출판될 수 있을 거라고 생각한다. 그 이유는 도서관에서 모든 책을 구입하는 것은 아니지만 한 권의 책을 1만 곳의 도서관 중 10분의 1만 소장하게 되어도 한 출판사에서 최소한 1,000권은 나간다는 뜻이 된다. 그러면 출판사에서는 양질의 책을 펴내는 데 부담을 조금이라도 덜 수 있기 때문이다. 이렇게 되면 나라에서 책을 많이 읽으라고 국민에게 소리 높여 장려할 필요도 없이 도서관이 주변에 있으니 시민은 문화생활도 하고 책도 볼 수 있어 도서관을 많이 찾게 되고, 출판사는 책을 출간하는 데 부담을 덜 수 있으며, 도서관의 일자리도 충원되어 실업을 해결하는 데 도움이 되어 여러 가지로 긍정적인 발전을 이룰 수 있을 것이다.

나는 독서 생활 초기에는 회사 근처인 남산 도서관과 용산 도서관에서 점심시간을 이용해서 책을 빌렸고, 주말에는 집 근처의 도서관에서 빌렸다. 이제는 그쪽의 회사를 다니지 않기 때문에 가지 않지만 그 시절이 추억으로 남아 있다. 각각의 도서관은 아주

근소하기는 하지만 차이가 있다. 또한 도서관마다 책을 분류하는 방법이 다르다. 특정 책에 대해 어떤 도서관에서는 '가'라고 분류되어 있고, 다른 도서관에서는 'A'라고 분류되어 있다. 그러면 무슨 기준으로 도서관 사서들이 분류했을까 하는 궁금증이 생기기도 한다. 거의 대부분은 비슷한 분류로 되어 있지만 가끔 그런 책들이 있다. 또 어떤 도서관은 경제 다음에 경영으로 넘어가는데, 어떤 도서관은 경제 다음에 주식투자, 그다음에 부동산으로 넘어간 뒤에 경영이 나오기도 하는 등 도서관마다 다른 체계에 따른 분류를 보는 것도 소소한 재미다.

책을 많이 읽고 싶지만 금전적으로 부담이 되는 사람들에게 도서관에서 책을 빌려 보는 방법을 적극 추천하고 싶다. 도서관도 보유 도서의 한계가 있기 때문에 한 곳을 다니는 것보다 여러 도서관을 다니며 빌리는 것도 좋은 방법이다. 나도 여러 도서관을 이용하는데, 가까운 곳은 걸어서 10분 정도의 거리이지만, 먼 곳은 40분 정도 걸린다. 먼 곳이라 해도 책도 빌리고 운동도 되는 여러 가지 장점이 있다.

그렇게 빌려 본 뒤에 정말로 좋은 책이고 소장하면서 두고두고 보고 싶다면 그때 가서 인터넷 서점이나 오프라인 서점에서 구입하면 된다. 책을 도서관에서 많이 빌려 보는 나도 꽤 오랜 시간이 흐르고 보니 집에 쌓여 있는 책이 매우 많다. 그러니 책을 주로 사서 보는 사람들은 시간이 흐르면 책의 수효가 어마어마할 것이다.

도서관에 가면 여러 가지 문화 활동을 할 수 있는 장이 마련되어 있고, 다양한 강의도 열린다. 이런 프로그램을 잘 이용하면 풍성한 문화 혜택을 누릴 수 있다. 굳이 큰 비용을 들이지 않더라도 관심을 갖고 찾아보면 들을 수 있는 강의와 유익한 문화강좌가 매우 많다. 무엇이든 멀리서 찾기보다 주위나 자신이 갖고 있는 것에 만족하고 행복을 발견하는 것은 살아가면서 중요한 지혜임에 틀림없다.

도서관이
많아야 해요

4

2011년 취업포털 인크루트의 조사에 따르면, 직장인의 한 달 평균 독서량은 2.6권이라고 한다. 그런데 2013년 취업포털 커리어의 조사에 의하면, 직장인의 한 달 평균 독서량은 0.8권으로 나타났다. 겨우 2년밖에 지나지 않았는데 그간 무슨 일이 있었기에 이토록 많은 변화를 보인 것일까? 2년 만에 직장인들이 책을 읽는 권수가 2권이나 줄었다고 볼 수 있다. 책이 팔려야 먹고사는 출판업계로서는 2년 만에 사람들이 책을 읽는 권수가 3분의 1이 돼 버렸으니 이런 이유 때문인지는 몰라도 요즘 출판업계는 불황에 시달리고 있다.

우리는 직접 책을 구입하기도 하고, 도서관에서 빌려 보기도 하고, 주위 사람들에게 빌려 읽기도 하지만 대부분 구입해서 읽는다. 책을 구입하지 않고 도서관에서 빌릴 때 그 책이 없으면 사람들은 도서관 측에 책 구입을 요청하기도 한다. 이런 식으로 구입하는 책만으로도 상당한 도움이 될 거라고 생각한다. 그러므로 만약 우리나라에 도서관이 1만 개만 있다고 해도 우리나라 출판시장은 지금과는 완전히 다른 시장이 될 수 있을 것이다.

1만 개의 도서관 중에서 50퍼센트만 새로 나온 책을 구입해도 기본적으로 5,000권이 팔리게 된다. 요즘 출판사에서 특별히 유명한 저자가 아니라면 거의 대부분 초판은 2,000~3,000권 정도를 찍는다. 유명한 사람은 초판으로 5,000~10,000권도 찍어내지만 이런 저자는 많지가 않다.

그럼 실제로 우리나라 도서관은 몇 개나 될까?

도서관위원회 자료에 의하면, 우리나라 공공 도서관의 숫자는 2010년 759관이었다. 1관당 인구수는 6만 6,500여 명이다. 독일은 1관당 9,900여 명이고, 미국은 1관당 3만 2,000여 명, 일본은 4만여 명에 이른다. 이들 나라와 비교해 보면 우리나라의 도서관 숫자가 얼마나 적은지 확연히 드러난다.

우리나라는 내가 말한 1만 개에 비해 10분의 1도 안 되는 개수의 도서관이 있다. 도서관은 우리에게 책을 볼 수 있게 해 주는 장소일 뿐만 아니라 각종 문화 체험도 함께할 수 있고 다양한 교육 프로그램을 통해 지역 주민의 생활 수준을 높여 주는 역할도 한다. 이러한 장소인 도서관이 적다는 것은 문화적인 측면에서도 매우 불행한 일이다. 우리나라는 공공도서관의 숫자가 적은 데다 지은 지 오래된 건물이 많아 좋은 양서와 장서가 많이 부족한 실정이다. 사서들이 좋은 책을 골라 구입하기도 하고 도서관을 이용하는 사람들이 신청해서 구입하는 경우도 있지만, 한 해에 쏟아지는 권수를 생각할 때 충분하지 못하다는 사실을 알 수 있다.

내 경우에도 도서관에서 책을 빌릴 때 원하는 책이 없는 경우가 많다. 집 주변에 있는 시립과 구립 도서관 3곳을 주로 이용하는데도 없는 책이 많다. 원하는 책이 대여되었을 때도 있지만 그보다는 도서관에 아예 구비되지 않을 때가 많아 아쉬울 때가 한두 번이 아니다. 구립도서관 같은 경우에는 규모가 작은 편이어서 보유 권수가 더 적다.

나는 지금까지 구로 도서관, 정독 도서관, 용산 도서관, 남산 도서관, 강남 도서관, 서초 중앙도서관, 마포 도서관 등을 가 봤다. 단순히 건물만 덩그러니 있는 도서관에 가는 것보다는 정독 도서관처럼 건물과 함께 자연을 벗 삼을 수 있고 많은 책을 보유하고 있는 곳에 가면 기분이 좋아지면서 책 냄새에 취할 때도 있다. 그러면 도서관에 있는 모든 책을 읽고 싶은 충동에 사로잡힌다.

그나마 다행인 사실은 예전에는 도서관이라고 하면 시험공부를 위한 곳이라는 이미지가 강했지만 요즘은 책을 읽는 사람들이 과거에 비해 상당히 많아졌다. 예전의 풍경 중의 하나가 도서관에서 공부하는 사람이 많아서 새벽부터 줄을 서서 기다리는 모습이었다. 그러나 점차 도서관은 책을 읽는 곳으로 자리잡아 가는 듯하다.

도서관에 있어 보면 하루 종일 도서관에서 온갖 책을 벗 삼아 읽고 있는 사람이 제법 많다. 책이 많은 서고에 마련되어 있는 책상에 책을 몇 권씩 쌓아 놓고 앉아 읽고 있는 사람들을 볼 때면 참으로 대단하다는 생각이 든다. 더구나 몇 달 동안 갈 때마다 항상 앉아 책을 읽고 있는 사람을 볼 때면 존경심마저 든다.

가끔 도서관 근처의 집값이 많이 오르면 도서관이 많아질 수 있을까 라는 생각을 한다. 마트 같은 것이 들어서면 그곳의 집값이 오르는 것처럼 말이다. 만약 도서관이 많아지면 분명 책을 읽는 사람도 많아질 것이다. 집 근처에 있다면 편하게 자주 가서 여가를 즐길 수 있기 때문이다. 사실 도서관만큼 즐겁게 시간을 보낼 수 있는 장소도 없지만 많은 사람이 이 사실을 잘 모른다.

도서관에 가면 할 수 있는 것이 매우 많다. 단순히 책만 있는 것이 아니라 여러 분야의 잡지책도 있고, 다양한 종류의 신문도 있고, 최근에는 텔레비전과 DVD도 소장하고 있어 영화도 볼 수 있다. 심지어 영어를 배울 수 있는 강좌도 마련되어 있다. 이처럼 도서관에 가면 시간 가는 줄 모르고 보낼 수 있는 게 너무나 많다.

만약 집 근처에 도서관이 있지만 지금껏 도서관에서는 책만 읽거나 빌려야 한다고 생각했던 사람들은 도서관에 가 보면 엄청나게 다양한 프로그램이 매주마다 열리고 있고 많은 사람이 참여하는 모습을 보고 깜짝 놀랄 것이다. 일반 학원에 비하면 말도 안되게 싼 가격으로 참여할 수 있다는 사실에 다시 한 번 놀라게 될 것이다.

책을 통해 진정한 부의 의미를 전파한 부의 선지자 **앤드루 카네기**

현대 부자 성공학의 시작은 앤드루 카네기가 나폴레온 힐에게 부자에 대해 알아오라고 한 것이 시작점이었다. 철강왕 카네기라는 명칭으로 유명한 앤드루 카네기는 사업으로 성공한 것보다는 자선사업으로 더 유명한 인물이다.

현재 미국에서 부자들이 자선을 당연한 책임이자 의무로 여기는 노블레스 오블리주가 사회적으로 정착하게 된 계기는 바로 앤드루 카네기가 살아생전에 펼친 자선사업이 미국을 성장시킨 배경에서 출발한다. 카네기는 정규 교육이라고는 4년밖에 받지 못했지만 도서관의 책을 읽으며 독학으로 배움에 대한 갈증을 채웠다. 그는 허버트 스펜서의 《종합철학체계》에 나온 적자생존 개념으로 자신의 기업을 성장시켰다. 기업 경영을 성공시켰던 사람이 자선사업도 직접 해야 성공시킬 수 있다는 신념으로 그는 직접 카네기 재단을 만들고 미국 각지에 도서관을 비롯한 각종 공공시설을 설

립해서 미국인들에게 지식을 쌓는 풍토가 자리잡도록 환경을 제공했다.

또한 자신의 부에 대한 철학을 설파하기 위해서 《부의 복음》을 출간해서 자신이 필요로 하는 이상의 수입은 공동체를 위한 '신탁 자금'이며 개인의 부는 '공공의 축복'이라고 강조했다.

그는 "부자인 채로 죽는 것은 정말 부끄러운 일이다", "인생의 3분의 1은 교육에, 3분의 1은 돈 버는 일에, 나머지 3분의 1은 가치 있는 대의에 써라" 등 가치 있는 삶에 대한 수없이 많은 명언을 남겼다. 이처럼 그는 최선을 다해 부를 축적하고 축적한 부를 공공에게 베푸는 삶을 실천함으로써 후대 부자들에게 '부자가 걸어야 할 가치 있는 길'을 명확히 제시했다.

책은 그에게 부로 가는 길을 제시하고 부를 나누는 삶으로 인도하는 존재였다.

독서
모임

5

책 읽기는 누군가와 공유하는 것이 아니라 혼자서 하는 행위다. 낭독과 같이 여러 명이 모여 함께 읽는 경우도 있겠지만 책을 읽는 행위는 대부분 혼자서 이루어진다. 이때 책의 저자와 읽는 사람이 함께 공감하고 반박하며 둘 만의 시간을 갖게 된다.

저자가 책에 담은 내용이 어떤 것이든 간에 책을 읽는 것은 읽는 사람의 몫이다. 대체로 저자가 주장한 중심 사상은 그대로 전달되지만, 그 이외의 것들은 책을 읽는 사람이 어떻게 느끼고 받아들이는지에 따라 달라진다. 같은 책을 읽어도 사람들의 반응이 다른 이유가 바로 여기에 있다.

그런데 오랫동안 혼자 책을 읽다 보면 무엇인가 부족하다는 느낌을 받는다. 현재 읽고 느낀 점이 올바른 것인지, 책의 저자가 한 이야기를 제대로 이해한 것인지, 다른 사람들의 생각은 어떠한지 등등이 궁금해진다. 그래서 다른 사람이 올린 리뷰를 찾아보며 간접적으로 나와 생각이 어떻게 다른지 혹은 같은 생각은 어떤 것인지에 대해 알게 되지만, 이 역시 책을 읽는 것처럼 일방적으로 읽는 것이어서 무언가 부족함이 느껴지기도 한다.

그래서 마침내 나 말고 다른 사람들은 어떤 생각을 갖고 있는지 이야기를 해 보고 싶은 순간들이 찾아온다. 나는 인문학이라 불리는 '문사철'보다는 실용서 위주로 책을 읽기는 했지만 서서히 인문 분야의 책도 읽고 1년에 100권 이상의 책을 읽은 세월이 꽤 흐르자 자연스럽게 다른 사람들과 읽은 책에 대해 이야기를 나누고 싶은 욕구가 생겼다. 또한 책을 매개로 해서 만난 사람들과 꼭 책은 아니더라도 무엇인가 이야기를 하고 싶은 생각이 마구 일었다.

그래서 독서모임을 찾아보니 매우 많은 독서모임이 존재했다. 인문고전을 위주로 하는 독서모임도 있고, 실용서를 통해 재테크를 공부하는 독서모임, 독서를 매개로 뒤풀이가 목적인 독서모임, 새벽에 저자들을 초빙해서 강연을 듣는 CEO을 위한 독서모임 등 종류도 다양하고 연령층도 다양했다. 한 가지 특징이라면 인터넷에서 찾을 수 있는 독서모임은 대부분 주 연령층이 20대에서 30대였다. 연령이 높아지면 순수한 독서모임이라기보다는 돈을 내고 MBA식으로 진행하는 독서모임이 대다수였고, 인터넷보다는 신문 같은 곳에서 찾을 수 있었다.

인터넷에서 하는 독서모임은 대부분 젊은 청춘 남녀가 모이는 특성 때문인지 선정된 책에 대해 함께 모여 이야기하는 시간도 중요하지만 그보다는 토론이 끝난 후 뒤풀이를 통해 친분을 다지는 것이 주요한 목적처럼 보였다. 그러나 문사철을 전문으로 하는 독서모임은 더욱 부담스럽게 느껴졌다. 서로 간에 부담 없이 책을 읽고 자신의 이야기를 하는 자리라기보다 거대한 담론을 이야기하고 깨달음에 대해 서로 논쟁하고 치열하게 토론하는 자리일 듯싶어 선뜻 참여하기가 쉽지 않았다.

그래서 나 스스로 독서모임을 만들어 보면 어떨까 라는 생각에 이르렀다. 독서모임에 참여해 본 적이 없어 어떤 식으로 독서모임이 진행되어야 하는지 알지는 못했지만 일단 독서모임을 공고했다. 그리고 아무런 형식이나 차례도 없이 자연스럽게 이야기가 흘러가도록 자유롭게 진행했다. 처음에는 책을 선정하지 않고 각자 모임에 와서 자신이 읽은 것 중에 하나씩 소개하는 시간을 가졌다. 그렇게 하다 보니 책을 선정해서 독서모임을 하자는 의견이 많이 나와 결국에는 내가 매월 책을 선정해서 그 책을 이야기하는 것으로 결정되었다. 사실 어떤 형식으로 독서모임이 진행되는지보다 사람들이 만나 이야기를 함께 나눈다는 점이 중요하다는 생각이 든다.

책이라는 매개체를 통해 각자 평소에는 하기 힘든 진솔한 이야기를 나눌 수 있는 자리가 될 수 있는 것이 독서모임이다. 지인들이나 가족들과 함께 이야기하기에는 어딘지 어색하고 서로의 관심사가 틀려 자연스럽게 이야기되지 않는 주제에 대해 토론할 수 있고, 또 친구들과의 수다나 담소와는 또 다른 시간이 될 수 있다.

독서모임이라고 해서 거창하거나 특별한 이야기를 나누는 자리가 아니라 선정된 책을 통해 자신의 이야기를 하기도 하지만, 그보다는 책이라는 공통된 관심사를 기준으로 각자 자신의 이야기를 함께 나누고 상대방을 배려하며 내 이야기를 주장하는 시간을 통해 서로 다름을 느끼기도 하고 평소 만나지 못하는 타 분야의 사람과의 접촉을 통해 몰랐던 부분에 대해서도 진솔한 이야기를 들을 수 있는 소중한 시간이 되는 듯하다.

내가 주최하는 독서모임은 뒤풀이가 없다. 순수하게 책을 매개로 해서 특정한 시간에 일정한 장소에서 만나 서로 이야기를 나누는 이상한 시간이라는 의미로 독서모임의 이름은 '이상한 날의 독서모임'으로 정했다.

다른 사람들은 어떻게 생각할까 라는 호기심에서 시작한 독서모임은 좋은 사람들을 만나 함께 이야기하는 시간이 되었다. 사실 책만으로는 독서모임이 그다지 필요 없지만 나와는 다른 누군가를 만나 허심탄회하게 이야기를 나눌 수 있고, 서로 영향을 주고받기도 하고, 힐링이 되기도 하고, 세상을 바라보는 다른 시각을 만날 수도 있다는 점에서 유익한 시간이다.

주변에 독서모임이 있거나, 혼자 책 읽는 것에 답답함을 느끼거나, 다른 사람들은 어떤 식으로 책을 읽고 같은 책에 대해 어떤 생각을 갖고 있는지 궁금하다면 독서모임에 참여할 것을 적극 추천한다. 처음에 좀 어색하기는 해도 책이라는 공통된 관심사로 모인 사람들이어서 금세 친해지고 즐거운 시간을 갖게 된다.

책 읽는 모습을
보여 주자

—
6

우리 집도 그렇고, 주변 초등학생이 있는 집들도 그렇고, 공부방을 봐도 그렇고 모두 벽장 가득히 책이 꽂혀 있는 모습을 보면 이렇게 책이 많은데 왜 출판사들이 힘들다고 난리일까 라는 의문이 들 때가 있다. 한두 권도 아니고 수백 권씩이나 책이 있고, 그 책들을 아이들이 본다고 하니 이 아이들이 커서 얼마나 책을 많이 읽을 것인지 한 명의 독서가로서 내심 기대가 된다. 그런데 문제는 실상은 전혀 그렇지 않다는 것이다.

아이들이 열심히 책을 읽는 것도 초등학생 이후로 끝나 버리고, 부모들이 열심히 책을 사 주는 것도 초등학생 시기에 한정된다. 다들 책 읽는 것이 아이의 인생에 엄청난 돈이 되고, 아니 도움이 된다는 사실을 믿어 의심치 않는다. 책의 중요성을 모르는 사람은 없기에 부모들은 알아서 열심히 책을 사 준다. 그뿐 아니라 요즘에는 아이가 어렸을 때 책을 읽어 주어야 한다고 알려져 있어서 부모들이 아이에게 열심히 책을 읽어 준다.

이렇게 책 읽을 수 있는 환경에 둘러싸여 있는 아이들이 청소년이 되면 그때부터 책 읽는 것을 등한시하고 읽으려 하지 않는다. 책이라고 하면 참고서와 교과서 이외에는 책으로 치지도 않는다. 개중에는 만화책 정도를 읽는 것이 책 읽는 전부인 청소년도 많을 것이다.

어른이 되면 이런 현상은 더더욱 심해진다. 지하철에서 핸드폰을 들고 게임을 하거나 영상을 보는 경우는 많아도 책을 읽는 사람은 갈수록 드물고 보기 어렵다.

내가 어렸을 때는 우리 집을 비롯해 많은 집이 한국 내지 세계 위인전이 전부였지만, 지금은 아이가 있는 집은 전래동화를 비롯해 온갖 분야의 책이 가득하다. 그러나 이처럼 많던 책은 청소년 시기로 진입하면서 사라져 버리고, 부모들도 책 읽을 시간에 공부를 하라고 강요한다.

부모들 자신도 아이가 어릴 때는 함께 책을 읽기도 하지만, 집에서 아이의 책이 사라지면서 점점 책에 대한 관심도 사라지고 책을 읽는다는 것은 점점 옛 추억거리가 된다. 아이들이 읽은 책의 권수를 물어보면 입이 다물어지지 않을 정도다. 1년에 수백 권은 읽는다고 대답한다. 책장 가득히 꽂혀 있는 책을 보고 이것을 다 읽었냐고 물어보면 부모는 자랑스럽게 그렇다고 대답한다.

게다가 기한을 정하고 그 기간 내에 책을 다 읽으면 그에 따른 보상을 주기도 하는데 읽는 책의 권수가 놀랍다. 아이들 책은 그림이 좀 많고 글자가 적다고 해도 그건 어른들의 입장에서 그렇고 아이들의 입장에서는 어른들이 300페이지 책을 읽는 것과 같은 느낌일 수 있다. 어른들도 하루에 한 권은커녕 일주일에 한 권도 읽기 힘들면서 아이들에게는 하루에 4~5권을 읽게 한다. 이렇게 보면 그 많은 책을 다 읽은 아이의 미래는 밝을 수밖에 없지 않나 라는 생각이 든다. 이대로 자란다면 이 아이가 성인이 되었을 때 읽은 책의 권수는 만 권도 넘지 않을까 싶다. 그런데 중학교, 고등학교를 졸업하고 성인이 되어도 읽은 책의 권수는 어렸을 때 읽은 책의 권수와 변함이 없다는 것이 문제다.

아이들이 진정으로 책의 세계에 빠져들어 책을 읽는 것이 아니라 요즘은 어렸을 때부터 책 읽기가 하나의 유행이기 때문에 부모의 교육열로 책을 읽는 것이 아닌가 싶다. 그래서 학년이 올라갈수록 책에 대한 거부감이 드는 것은 아닐까 한다. 부모가 시켜서 혹은 강요에 의해 책을 읽게 되면 결국 책 읽기는 고역이 되어 버리고, 그 트라우마는 오래도록 남아 책을 가까이 하기보다는 무의식적으로 멀리하게 될 수 있다.

서점에 가 보면 많은 부모가 아이들을 데리고 와서 아동도서 코너에 자리를 잡고 아이에게 열심히 책을 읽어 준다. 그리고 나서 그중에 한 권이나 몇 권을 사 주는 경우가 흔하다. 그러나 정작 자신은 자신이 읽을 책을 보거나 구입하는 경우가 거의 없다. 서점에 가서 책을 고르는 재미를 본인은 전혀 느끼지 못하면서 아이에게만 강요하고 있는 것은 아닐까?

본인 스스로 책 읽는 모습을 보여 주지 않으면서 아이에게만 책을 읽으라고 하는 것만큼 모순된 행동도 없을 것이다. 아이들은 의식적으로든 무의식적으로든 부모의 행동을 따라하게 마련이다. 어릴 때 함께 읽었던 경험을 아이에게 선사했다면 청소년기에는 책 읽는 모습을 선사하면 어떨까?

"공부해라, 나는 책을 읽을테니"라고 아이에게 말한다면 아이들의 반발도 덜할 것이다. "공부해"라고 말하고는 자신은 텔레비전을 시청하고 있는 모습을 보여 주는 것보다는 훨씬 더 아이들이 받아들이기 쉬울 것이다. 실제로 아이들을 훌륭하게 키운 사례들을 보면 부모들이 예외 없이 이렇게 행동했다.

소설은
재미있어야죠

7

대중 소설과 작품으로서의 소설을 구분하는 잣대를 분명하게 말하기는 어렵지만 느낌으로 분명히 구분할 수 있을 때가 많다. 대중 소설은 재미있어야 한다는 게 내 지론이다. 재미라는 것이 흥미진진한 것뿐만 아니라 무엇인가 책을 읽게 만드는 요소가 있다면 그것이 재미라고 생각한다. 작가의 통찰력이 돋보여 재미있는 책도 있다. 여하튼 읽는 사람이 재미있다고 생각하면 당연하게 그 책을 읽을 것이고, 그렇지 않다면 읽지 않을 것이다.

소설은 실용적인 목적에서 읽는 것이 아니므로 재미없으면 그냥 읽기를 그만두고 다른 일을 하면 된다. 할 수 있는 많은 것 중에서 소설을 읽으면서 시간을 보내야 한다는 것은 그만큼 다른 어떤 것보다 그 시간이 의미 있어야 함을 뜻한다. 여러 선택 중에서 소설을 읽는 것을 선택했는데 읽고 있는 소설이 시간을 잊게 만든다면 그보다 더 좋은 것은 없을 것이다.

현재 하고 있는 일을 잊게 만들고 다른 것보다 먼저 그 책을 읽게 만든다면 그 소설은 분명히 재미있는 책이다. 심지어 촌음을 아껴가며 읽게 만드는 책이라면 그 책이 설사 킬링타임용이라 해도 충분히 좋은 책이다. 우리의 에너지를 집중하게 하는 힘이 있으니 말이다.

대체적으로 소설은 현실을 기반으로 한 거짓말이다. 그러나 독자들이 공감하고 감정 이입하도록 하는 스토리는 개인들에게 큰 영향을 미치기도 한다. 한 권의 소설이 한 인간의 운명이나 가치관, 세계관을 바꿀 수 있는 것은 큰 울림을 전달했기 때문이다.

소설을 전혀 안 읽는 사람들도 있지만 인간에 대해 알고 싶을 때 소설만큼 좋은 것은 없다. 다양한 인간군상을 보여 주기 때문에 고전으로 살아남은 소설들은 미처 몰랐던 인간의 심리와 행동들을 알게 해 준다. 문제는 고전은 예전 사람들의 호흡과 느낌, 생활들이기에 현재를 살고 있는 우리들에게는 낯설고 적용하기가 쉽지 않을 때가 많다는 점이다.

하루면 지구 어느 곳이나 갈 수 있는 세상에 살고 있는 지금의 우리들과 달리 살고 있는 곳에서 다른 곳으로 가려면 며칠이 걸려야 했던 사람들이 살아가던 방식은 다를 수밖에 없다. 최근에 '느리게 살기' 라는 정서가 유행하기는 하지만, 이미 그렇게 살고 있던 사람들이 남긴 소설을 통해 그들의 생활을 읽으려면 그들의 템포와 다르게 살고 있는 우리가 공감하기 쉽지는 않다.

아마도 자신의 지식이나 글솜씨를 자랑하기 위해서 글을 길게 늘여 쓴 것은 분명 아닐 것이다. 고전 문학 작품의 경우, 그렇게 쓰는 것이 그 당시에는 자연스럽고 당연한 형식이었을 것이다. 그러나 지금은 점점 짧게 핵심만 쓰려는 경향이 강해지고 있다. 그래서 요즘에는 단편 소설들이 인기를 얻는 추세라고 한다.

우리는 살면서 모든 것을 경험할 수는 없다. 그런데 소설은 우리로 하여금 그것을 가능하게 해 준다. 아무리 천재적인 작가가 일반적인 사람들은 경험해 보지도, 상상하지도 못한 것을 글로 풀어내 사람들의 상상력을 자극한다고 해도 결국에는 현실에 그 뿌리를 두고 있다. 한 인간의 상상력이라는 것도 결국은 그의 경험과 지식에서 나온 결과물이기 때문이다.

그렇기에 우리는 소설을 읽으면서 다양한 간접 경험을 할 수 있다. 소설가들은 결코 허황되고 말도 안 되는 이야기를 하는 것이 아니라, 자신이 경험한 것을 글로 풀어내거나 소설의 줄거리에 포함될 많은 소재를 다양한 방식으로 자료를 조사해서 현실에서 벌어지거나 벌어질 법한 이야기를 우리에게 들려준다.

회사를 다닌 적이 없는 사람도 소설을 통해 간접적으로 회사에 다니는 사람들의 일상을 알 수 있고, 잘 알려지지 않았던 사실들도 소설을 통해 많은 사람이 알게 된다. 단순히 흥미 위주의 소설이라도 그 내용이 현실과 터무니없이 동떨어져 있다면 사람들의 관심과 선택을 받지 못한다. SF 소설이라 해도 미래에 있을 법한 일들이 전개된다. 우리는 소설에서 전개된 내용이 몇십 년 후에 실제로 현실에서 일어나는 것을 흔히 목격한다.

솔직히 실용서를 시간 가는 줄 모르고 읽는 경우는 거의 없어도 소설은 얼마든지 그럴 수 있다. 시간이 얼마나 상대적인지 알 수 있는 방법 중 하나가 바로 페이지를 넘기는 것조차 느끼지 못하며 읽게 만드는 소설을 읽는 것이다. 가끔 시간 가는 줄 모르고 읽다가 내려야 할 역에서 못 내릴 뻔한 적은 실용서의 경우에는 한 번도 없었지만 소설을 읽다가는 몇 번 있었다.

굳이 인간에 대한 통찰을 얻기 위해 소설을 읽거나, 시간을 죽이기 위해 소설을 읽을 필요는 없다고 생각하지만, 소설은 반드시 재미를 선사해야 한다고 생각한다. 사실 무엇을 얻기 위해 읽는 실용서도 아닌 소설에 시간을 투자하는데 재미가 없다면 시간 낭비라고 생각하기 때문이다.

그렇지만 조금 읽다가 재미없다고 책을 덮을 필요는 없다. 의외로 처음에는 재미가 없지만 계속 읽다 보면 점점 재미에 빠져 읽게 되는 경우가 있다. 그래서 나는 어지간하면 어떤 책이든 끝까지 읽는 편이다.

사실 책의 종류 중 사람들이 가장 친숙하게 부담없이 읽을 수 있는 것이 바로 소설인 듯하다. 소설을 통해 지식을 얻을 때도 있고, 할 일이 없을 때 시간을 때우는 데 좋은 도구이기도 하고, 세상만사를 잊는 것에 도움을 받을 때도 있고, 힐링이 될 때도 있다.

나는 대부분 소설 이외의 책을 읽기는 하지만 재미있는 소설을 읽을 때만큼 즐겁고 행복한 시간도 없다.

제5부

책 읽기의 완성은
리뷰 쓰기

리뷰를
쓰기 시작했어요

—
1
—

책을 읽는 가장 큰 이유는 무엇인가 얻기 위해서다. 순수하게 재미 삼아 읽는 경우도 있지만 그마저도 재미를 얻기 위해 읽는다고 할 수 있다. 내가 책을 본격적으로 읽기 시작한 이유도 투자를 배우기 위해서였다. 물론 책을 읽는다고 모든 것을 얻거나 알 수는 없다. 만약 그렇다면 아마도 모든 사람이 책을 읽는 데 혈안이 될지도 모르겠다. 그러나 현실에서는 책을 읽는다고 그것이 성공을 보장해 주지는 않는다. 다만 그 가능성을 조금 올려 줄 수 있을 뿐이다.

책을 읽는다는 것이 어쩌면 큰 의미가 없을 수도 있지만, 책을 읽으면서 조금씩 변화하는 자신을 느끼는 것도 소중한 경험이다. 많은 다독가가 책을 읽고 생각을 해야만 책을 읽는 가장 큰 의미를 얻을 수 있다고 이야기하기도 한다.

나는 사실 처음에는 생각 없이 그냥 읽었다. 솔직히 읽기도 버거워 생각을 할 여유가 없었다. 읽고 내용을 소화하지도 못하는데 어떻게 생각을 할 수 있겠는가? 그래서 아무 생각 없이 읽고 또 읽을 수밖에 없었다. 그런데 스펀지에 물이 흡수되는 것처럼 내용이 하나씩 들어오면서 나도 모르게 저절로 생각이 되기 시작했지만 여전히 읽는 데 집중하기도 바쁘다.

그렇게 본격적으로 책을 읽기 시작한 지 어느덧 6~7년이 지났다. 그해에 출판된 책으로 한정해서 1년에 120권 내외를 넘게 읽었는데, 사실 어느 순간 책을 읽는다는 것이 습관이 되어 버렸다.

여전히 책을 통해 얻는 것은 무궁무진하다는 사실을 알지만 이제는 예전과 달리 정확하고 확실한 것을 얻기 위해 책을 읽는 단계는 지난 듯하다. 무엇보다 당시에 내 인생 처음으로 고정급이라는 것을 받으면서 편안한 삶을 즐기게 되어 야성이라는 것이 많이 사라지고 있다고 느끼던 시기였다. 책은 삶의 한 부분으로 자연스러운 습관으로 자리 잡게 된 것이다.

읽은 책이 늘어날수록 나 자신도 모르게 저절로 그릇에 물이 넘치듯이 이런저런 생각이 떠오르기는 했지만 심각하게 물고 늘어지거나 더 깊이 파고들어갈 생각은 하지 않았다. 순간순간 떠오른 생각을 순간순간 잠시 생각하는 정도였다.

고정급을 받던 행복한 시간이 지나고 다시 야생으로 나오게 되었을 때에 비로소 무엇인가 변화가 필요하다는 각오를 다지게 되었다. 지금까지 그저 책을 읽기만 했다면 이제부터 책을 읽고 내 생각을 적어 보자고 생각했다. 거창하게 서평이라기보다는 책을 읽고 감상문을 적어 보자는 정도였다.

그때까지는 다른 사람들의 서평을 읽어 본 적도 없었고, 서평을 참고해서 책을 선택해 본 적도 없었다. 그래서 서평을 어떻게 쓴다는 형식에서 완전히 자유로운 상태에서 리뷰를 쓰게 되었다. 정확하게 말하자면 감상문을 쓰게 된 것이다.

책을 다 읽고 받은 느낌 그대로를 써내려 갔다. 책을 펼쳐 보지 않고 옆에 고이 모셔 놓고 겉표지만 보는 상태에서 썼다. 아주 가끔 열심히 쓰다가 막히면 잠시 책을 펼쳐 보기는 했어도 대부분 30분에서 1시간 동안 써내려 간 후에 더 이상 검토하지 않고 그냥 작성을 마쳤다.

어차피 쓰는 감상문이지만 한글이나 워드에 작성하는 것보다는 블로그라는 곳에 올리는 것이 더 편하지 않을까 하는 생각이 들어 블로그에 글을 올리기 시작했다. 사실 누군가 와서 내 리뷰를 볼 것이라는 생각은 하지 못했다. 단지 쓰기 편하고 쓴 후에 저장하기 편해서 블로그에 리뷰를 올리게 된 것이다.

또한 그때는 같은 분야의 책을 집중적으로 읽기 시작한 무렵이어서 한 권의 책을 다 읽은 후에는 무조건 그 즉시 리뷰를 쓰려고 노력했다. 그렇지 않으면 전에 읽은 책의 느낌이 다음 책의 리뷰를 쓸 때 묻어서 나올 것 같아 한 권을 읽으면 다음 책을 읽기 전에 반드시 리뷰를 올렸다.

감상문이라고 표현했지만 리뷰를 쓴다는 것은 자기도 모르게 생각한다는 뜻이다. 나는 리뷰를 쓸 때 책의 내용을 구석구석 해부하거나 특정 문구를 적지 않기 때문에 오로지 내 생각을 적었다. 이때 책은 단지 도구일 뿐이었다. 즉, 책의 내용과는 전혀 상관없지만 책과 관련되어 있거나 연관된 나만의 느낌을 적어 내려갔다.

나는 리뷰를 쓰기 시작한 이후에 다른 사람들의 서평을 읽기 시작했다. 다른 사람들은 어떤 식으로 서평을 쓰고 있는지 궁금해졌기 때문이다. 다른 사람들의 서평을 보니 어떤 사람은 서평 자체가 또 다른 하나의 작품이라고 할 수 있었고, 어떤 사람은 책의 좋은 문구를 알려 주고 자신의 코멘트를 다는 등 꽤 다양한 방법으로 서평을 올린다는 사실을 알게 되었다.

그러면서 대체적으로 서평이라는 것이 내가 쓰는 리뷰와는 성격이 약간 다르다는 점도 알게 되었다. 그래서 내가 내린 결론은 내 것은 리뷰라기보다 감상문에 가깝다는 것이었다. 어떤 서평을 보면 어떻게 그렇게 구석구석 좋은 글귀들을 발췌하고 자신의 생각들을 보여 주는지 감탄할 때도 있다. 나는 아직 읽지 않은 책에 대해서는 다른 사람들의 서평을 읽지 않는다. 내가 아직 읽지 않은 책에 대해 순수한 내 생각을 보고 싶기 때문이다. 이미 읽은 책은 다른 사람은 어떤 이야기를 하는지 보려고 읽기도 한다.

내가 책을 읽고 본격적으로 생각을 하게 된 계기는 바로 이 감상문을 쓰기 시작하면서부터였다.

리뷰로
유명해졌어요

나는 어떤 형식을 갖추고 리뷰를 쓴 것도 아니었고, 누가 내 리뷰를 봐 주기를 원한 것도 아니었다. 그저 내가 쓰고 싶은 대로 썼다. 책을 읽고 나서 좋으면 좋다고, 별로면 별로라고 리뷰를 썼다. 책 내용보다는 철저하게 내 느낌 위주로 쓰게 되니 가끔은 나는 별로라고 생각하는데도 내 리뷰를 읽고 책을 읽고 싶다는 사람들의 반응을 볼 때면 놀랄 때도 있다. 또 독서와 리뷰는 또 다른 분야라는 사실을 알게 되었다. 독서는 수동적인 행동일 수도 있지만, 리뷰는 적극적으로 참여하는 행동이라 할 수 있다. 꼭 책에 나온 내용을 동의

하지 않아도 그 자체로 독서 후의 새로운 창작이라 할 수 있다. 리뷰는 저자가 한 이야기와 완전히 동떨어진 이야기를 쓸 수는 없다. 책을 읽고 나서 관련되어 있는 내용을 쓰는 것이기 때문이다.

리뷰를 쓴 후에 여러 가지 생각지 못한 일들이 내게 벌어졌는데 그중 하나가 바로 책의 저자들이 연락을 해 왔다는 사실이다. 사실 누구에게 보여 주기 위해 쓴 것이 아니었음에도 저자가 직접 연락을 해 온 것은 참으로 놀라운 경험이었다. 내가 쓴 리뷰를 잘 읽었다면서 고맙다는 이야기를 하기도 했지만 개중에는 직접 만나고 싶다는 사람들도 있었다.

특히 한참 부동산 경매 책을 집중적으로 읽던 당시에는 올리는 리뷰가 전부 부동산 경매 책으로 도배되었기에 부동산 경매 책 저자들이 내가 부동산 경매를 하려고 한다는 것을 알아채고 연락을 한 것 같기는 하다. 이제 막 부동산 경매를 하려고 하는 사람 같은데 자신이 집필한 책의 리뷰를 읽으면 투자에 대해서는 완전히 초짜는 아니라는 판단이 들어 좀 의아한 측면도 있지 않았을까 싶기도 하다.

내가 이미 부동산 경매 책을 읽기 훨씬 전부터 투자와 관련된 책을 많이 읽고 있었고, 부동산 경매에 대한 것도 인터넷 등을 통해 어느 정도 알고 있는 상태였기 때문에 리뷰에서 그런 점들이 저절로 묻어 나왔을 것이다.

어떤 분야도 처음 시작할 때 그 분야에서 유명하거나 실력 있는 사람들을 만나는 것이 쉽지 않은 일이고 만나고 싶어도 만나 주지 않는 경우가 대부분인데 나는 의도하지 않았음에도 그들이 먼저 내게 만나자고 연락을 해 왔으니 망설일 필요도 없이 흔쾌히 허락해 많은 조언을 들을 수 있었다.

또한 당시에 내가 쓴 리뷰가 주로 투자 관련 서적이 많아서 자신들의 카페에도 내 리뷰를 올려달라는 부탁을 받아 올리기도 했다. 이렇게 되니 나는 리뷰를 올렸을 뿐인데 어느덧 사람들이 내게 투자에 대해 질문을 했다. 실제로 투자와 관련해서는 실력이 전혀 없는데도 투자에 대해 질문을 하면 아는 범위 내에서 알려 주면서 투자 분야에서 내 닉네임이 알려지기 시작했다. 정작 투자에 관한 글은 거의 없는데도 말이다.

투자와 관련된 직접적인 글을 올리지 않았음에도 불구하고 투자 책을 읽고 열심히 리뷰를 올렸더니 투자나 재테크와 관련된 카페에서 칼럼을 써 달라고 하거나 자신의 카페에도 리뷰를 올려 달라는 요청이 생겨 의도하지 않게 투자를 잘하는 사람이 되었다.

아쉬운 점은 투자 쪽 분야 사람들이 좋아할 만한 유명하고 도움이 될 책들의 상당 부분을 리뷰를 쓰기 이전 시기에 읽은 것들이 많아 그런 책을 리뷰로 소개하지 못해 아쉽기는 했다. 그러나 최근의 책 중에 도움이 될 만한 책이나 아직 읽지 않은 책 중에 투자에 도움이 될 만한 책들은 여러 곳에 소개했다.

이 과정에서 내가 점점 알려지기 시작했고, 리뷰만 올린다는 것이 마음에 걸려 내가 했던 투자 중 일부를 오픈해서 올리게 되었다. 그러던 중 한 출판사에서 콘셉트가 괜찮다고 출판을 제의해 와서 책을 세상에 선보이기도 했다. 책을 내고 싶다고 막연히 생각하고는 있었지만 이렇게 우연히 책을 내게 될 줄은 꿈에도 몰랐다.

이런 일련의 과정을 통해 순전히 좋아서 시작했던 리뷰 쓰기가 점점 내 삶에 큰 영향을 미치기 시작했다. 리뷰는 누군가 나를 판단할 때 하나의 도구가 되었고, 새로운 사람들을 만날 수 있는 매개체가 되었다. 내가 올린 리뷰를 읽고 서로 댓글을 달다 만나는 경우도 꽤 있었다.

리뷰를 여러 사람이 보는 공간에 올린다는 것이 세상과의 소통의 매개체가 될 것이라는 걸 미처 알지 못했는데 내게는 불특정 다수의 사람들과 소통할 수 있는 공간이 되었다. 내가 아무리 책을 많이 읽었다고 해도 리뷰를 올리지 않았다면 나라는 사람의 이미지는 독서와는 전혀 연관시킬 수 없었을 것이다.

내가 핑크팬더라는 닉네임으로 유명하지만, 핑크팬더라는 이미지는 독서와 연관되어 있다. 지금도 여전히 독서와 관련되어 다양한 사람과 인연을 맺고 대화가 이뤄지고 독서가라는 이미지를 갖게 된 것은 꾸준히 올린 리뷰 덕분이다. 만약 리뷰를 올리지 않았다면 나는 여전히 혼자서 독서를 하고 있을 것이다.

기업 경영의 모든 것을 책에서 배운
삼성 창업주 **이병철**

대한민국에서 가장 막강한 영향력을 갖고 있는 기업 삼성그룹을 창립한 이병철은 천석꾼의 아들로 태어나 사서삼경을 배우는 훌륭한 교육을 받았다. 노예를 해방시켜 주었던 톨스토이에게 깊은 감명을 받아 일본 유학 후 집안의 노예들에게 자유를 주고 도정공장을 세워 지금의 삼성그룹의 토대를 마련했다.

특히 모두가 반대하던 삼성반도체통신을 만들어 일본을 이기겠다는 그의 신념이 결실을 거둬 삼성전자는 마침내 세계적인 전자 기업이 되었다.

이병철은 "가장 감명을 받은 책이나 좌우에 두는 책을 들라면 서슴치 않고 논어라고 말할 수밖에 없다"라고 했을 정도로 《논어》는 이병철이라는 인간을 형성하는 데 가장 큰 영향을 미친 책이다.

　심지어 그는 자신의 생각이나 생활이 《논어》의 세계에서 벗어나
지 못한다고 해도 오히려 만족한다고 말했다. 그가 신봉했던 《논
어》라는 책에는 인간의 내적 규범이 담겨 있고, 짧은 말 속에 많은
사상과 체험이 응축되어 있다.

　이병철의 기업가 정신은 《논어》의 유교적 가치를 상징하는 것으
로, 그가 가장 중요하게 여긴 경영자의 자질을 닦는 데 믿고 따를
수 있도록 이끌어 주는 인격의 지침서였던 것이다.

좋은 문구는
리뷰의 훌륭한 소재

—
3
—

책을 읽는 것과 글을 쓰는 것은 분명히 다르다. 책을 읽는다고 꼭
글을 쓰는 것은 아니다. 또 글을 쓴다고 꼭 책을 읽는다고 할 수도
없다. 그러나 책을 읽고 글을 쓴다는 것은 떼려야 뗄 수 없는 관계
다. 특히 글을 쓰는 사람이 책을 거의 읽지 않는다고 말한다면 그
의 글은 독선과 아집에 빠져 외치는 소리일 수 있다.

　책을 읽은 모든 사람이 글을 쓰는 것은 아니다. 책을 읽고 글을
쓴다는 것은 책을 읽는 것과는 또 다른 일이라고 할 수 있다. 책을
읽는 것에 비해 글을 쓰는 것은 훨씬 더 어려운 작업이다. 책을 읽

으면서 딱히 무슨 생각을 하지 않아도 문제가 되지 않는다. 읽으면서 책이 재미없을 수도, 어려울 수도, 흥미진진할 수도 있다. 읽는다는 것은 무엇인가 모르는 것을 얻는 측면도 있고, 아는 것을 다시 확인하는 작업이 될 수도 있다.

그러나 책을 읽고 쓴다는 것은 이것과는 또 다른 새로운 작업이다. 책을 읽는다는 것은 책을 쓴 사람이 우리에게 알려 주는 내용을 읽는 행위다. 책 읽기는 곧 저자의 생각을 책을 통해 알아가는 과정이라 할 수 있다.

그에 비해 책을 읽고 글을 쓴다는 것은 저자의 생각이 아닌 내 생각을 다시 새롭게 정의하는 과정이다. 책을 쓴 저자의 생각이 중요한 것이 아니라 책을 쓴 저자의 생각에 대한 내 생각이 중요하다. 아무리 나보다 뛰어나고 훌륭한 저자라고 할지라도 그것은 어디까지나 저자의 생각이지 내 생각은 아니다.

사실 아무것도 모르는 상태에서는 읽는 것 자체도 버겁지만, 그래도 그에 대한 내 생각을 적는다면 책의 사고를 받아들이는 부분은 단순히 책만 읽는 것과는 비교할 수도 없다. 처음부터 책을 읽고 내 생각을 글로 표현한다는 것은 결코 쉽지 않다.

책을 읽으면서 괜찮다고 생각하는 문구가 나오면 펜으로 밑줄을 그어 표시를 해 놓거나, 그 페이지에 따로 포스트잇을 붙여 놓는 방법도 있다. 책을 다 읽은 후에 그 부분만 따로 공책에 적거나 블로그와 같은 인터넷 공간에 적어 놓아도 된다. 그 자체만으로도 책을 다시 읽는 효과를 얻을 수 있고, 따로 표시한 문구들을 되새김질하면서 잠시 생각을 할 수 있다.

단순히 책의 문구를 적는 것이 큰 의미가 없다고 생각할 수도 있지만, 책을 읽으며 어떤 의미로 다가온 것을 다시 적으며 책을 읽으면서 했던 생각과는 다르게 한 발 물러나서 생각해 볼 수도 있고, 책을 읽으면서 느꼈던 것이 무엇이었는지 다시 한 번 볼 수 있다는 점에서 나름 도움이 된다.

책을 읽고 글을 쓴다는 것은 읽은 작업에 대해 다시 한 번 복기하는 작업으로 누군가에게 보여 주기 위한 것이 아니라 나중에 책을 읽었다는 기억만 날 때에 본인에게 중요했던 문구를 다시 보는 것만으로도 책이 어떤 내용이었는지, 자신에게 어떤 의미로 다가왔는지에 대한 기억이 되살아나게 된다.

좋은 문구는 각자 모두에게 다르게 다가온다. 같은 책을 읽어도 각자 받는 느낌과 메시지는 서로 다르다. 책을 읽으면서 체크한 문구는 자신에게 의미 있는 부분이다. 지금까지 몰랐던 사실을 알게 해 준 것일 수도 있고, 어떤 것을 일깨워 주는 내용일 수도 있으며, 영감을 준 것일 수도 있다.

이런 방식으로 리뷰를 쓰는 사람이 많다. 또한 이런 식으로 책을 읽게 되면 책을 읽을 때 더욱 집중하게 되는 효과도 있다. 읽다가 좋은 내용이 나오면 그 즉시 펜으로 밑줄을 긋거나 포스트잇을 붙이면 그 문구를 머릿속에 각인해 오래 기억하거나 더 잘 이해하게 되는 효과까지 있다. 그리고 적으면서 다시 한 번 되새기게 된다.

한 발 더 나아가 책에 대한 간단한 코멘트를 한 후에 문구를 적으면 좀 더 확실하고도 훌륭한 리뷰가 된다. 책을 읽고 나서 자신의 생각을 적거나 책에 대해 좋은 점이나 나쁜 점을 적으면 읽은 책에 대한 자신만의 생각을 분명하게 표시하는 것이다. 여기서 더 나아가 각 문구에 대한 자신의 생각을 적으면 매우 훌륭한 리뷰가 된다.

한 권의 책을 읽고 무엇인가를 얻을 때도 있지만 단지 시간을 낭비하는 경우도 있다. 하지만 시간 낭비라고 생각되는 책에서도 괜찮은 내용은 분명히 존재한다. 그 내용을 다시 적으면서 추가로 자신의 생각까지 적는다는 것은 책의 내용을 각색하는 효과가 있다. 이렇게 되면 사실 가볍고 짧은 자신만의 책이 만들어지는 것과 같다. 책 중에도 좋은 문구만 모아 놓은 책이 있다. 그러므로 자신이 책을 읽으면서 발췌한 문구들을 모아 놓은 것은 이 세상에 단 하나밖에 없는 자신만의 책이 될 수 있다. 문구를 계속해서 모아 한 권 분량을 만들면 훌륭한 책 한 권이 탄생하는 것이나 마찬가지다.

이렇게 자신의 책 한 권을 만들어 보는 것은 어떨까?

리뷰를 쓴다는 것은
곧 생각한다는 것이다

—
4
—

아리스토텔레스는 "인간은 생각하는 동물이다"라고 말했다. 또 데카르트는 "나는 생각한다, 고로 존재한다"라고 말했다. 인간은 본능적인 부분에서는 동물과 차이가 없다. 그러나 인간이 동물과 구별되는 점은 생각하는 고차원적인 정신을 갖고 있다는 것이다.

그럼, 인간은 언제 생각이라는 것을 할까? 우리는 생각 없이 산다는 말을 많이 한다. 그리고 아무 생각도 하지 않고 행동하는 듯한 사람들을 종종 보게 된다. 그저 무의식적으로, 습관적으로 반복적인 삶을 살고 있는 사람들을 볼 때 '그들에게 생각이라는 것이 필요할까?'라는 생각이 들기도 한다. '아~ 귀찮아!' 하면서 드는 오만 가지 잡생각도 생각은 생각이지만, 엄밀히 말해 생각한다는 말을 할 때 쓰는 생각과는 다르다. 사람은 생각하는 동물이라고 하지만 의외로 생각하지 않고 사는 사람도 많다.

사람이 생각을 하기 위해서는 뇌를 자극해야 한다. 사람이 생각할 수 있게 만드는 방법은 여러 가지가 있겠지만 가장 좋은 것은 독서일 것이다. 한 권의 책에는 저자의 생각과 갖가지 정보가 담겨 있다. 단순히 정보를 전달하는 책도 있겠지만 우리는 책을 읽으면서 저절로 생각을 하게 된다. 살면서 지금껏 알지 못했던 것, 기존에 알고 있던 것과 다른 사실, 나와는 다른 생각 등을 우리는 책을 통해 만나게 된다. 책이 인간에게 하는 역할은 여러 가지가 있겠지만, 가장 중요한 것은 인간으로 하여금 생각하게 한다는 점이다. 책을 읽는다고 생각이 반드시 떠오르는 것이 아닐 수도 있다. 생각이라는 것은 신기하게도 생각하겠다고 그 즉시 떠오르는 것은 아니다. 또한 어느 정도 알고 있어야 생각도 할 수 있는 것이지 모르면 별생각이 나지 않는다. 어느 정도 알았을 때 비로소 자연스럽게 생각이라는 것이 떠오르게 된다.

생각을 자연스럽게 하는 것이 가장 좋은 방법이지만, 책을 읽는다고 꼭 생각하는 것은 아니다. 이럴 때 좋은 방법이 바로 리뷰를 쓰는 것이다. 리뷰를 쓴다는 것은 생각을 하는 과정이라 할 수 있다. 사실 꼭 책을 읽지 않아도 글을 쓴다는 것 자체가 자신의 생각을 글로 표현하는 것이다. 그러나 글을 쓴다는 것이 쉽지 않기에 특정 주제를 정해 놓고 써야 생각도 잘 떠오른다.

이렇게 책을 읽고 글을 쓴다는 것은 자신의 생각에 대해 표현하는 것이고, 책에서 읽은 내용과 연관되어 있는 주제나 소재에 대해 저자에게 동의하는 부분이나 달리 생각하는 부분 등에 대해 자신만의 생각을 갖게 되는 과정이다. 책을 읽는 것 자체도 의미가 크지만, 그보다는 책을 읽고 생각을 하는 것이 훨씬 더 큰 의미를 지닌다고 할 수 있다.

어떻게 보면, 리뷰를 쓴다는 것은 억지로 생각을 하는 작업인지도 모르겠다. 리뷰가 많은 책은 그만큼 책을 읽고 여러 생각들이 떠올라 사람들이 리뷰를 올리게 되는 것이다.

사실 이 세상에 나쁜 책은 없다. 단지 나에게 맞지 않는 책이 있을 뿐이다. 설사 쓰레기라고 비난받는 책이라 해도 내용 중 몇 가지라도 얻을 만한 것은 분명히 있다. 이런 부분에 대해 자신의 생각을 적는 것이 바로 리뷰를 쓰는 목적이다. 좋으면 좋은 이유에 대해, 나쁘면 나쁜 이유에 대해 쓰면 된다.

리뷰를 쓴다는 것은 화려한 글솜씨를 뽐내고, 어려운 용어를 섞어 가며 지식을 자랑하기 위한 일이 아니다. 순수하게 책을 읽고 나서 자신의 생각을 정리하고 다듬는 작업이다. 누구에게 보여 줄 필요도 없다. 대부분이 리뷰를 인터넷 공간에 올리지만 중요한 점은 남에게 보여 주기 위한 것이 아닌 오로지 자신의 생각을 직접 글로 써서 되새김질하고 확인하는 것이다.

리뷰를 쓰면 책을 읽었을 때는 전혀 생각하지 못한 생각을 쓰게 되기도 하고, 책을 읽었을 때는 얼핏 생각했던 부분에 대해 좀 더 깊이 있게 생각하게 된다는 이점이 있다. 단순하게 문구만 적어도 적으면서 자기도 모르게 생각에 빠져들 수 있고, 다시 한 번 읽으면서 곱씹어 보게 된다. 또는 문구를 적고 자신의 생각을 적는 것도 아주 좋은 방법이다.

나는 내가 읽은 모든 책에 대해 리뷰를 쓰고 있다. 책의 내용이나 수준과 상관없이 읽으면 무조건 리뷰를 쓰다 보니 책을 읽으면서 이 내용은 리뷰 쓸 때 적어야지라고 생각하기도 한다.

리뷰를 쓴다는 것은 한편으로는 책의 내용과는 전혀 상관없는 또 하나의 창작 과정이라 할 수 있다. 자신의 생각을 쓰는 것이기 때문이다. 다만 책의 내용이 생각거리를 던져 줘서 그에 대한 일련의 생각을 글로 표현하는 정신작용이다.

가끔은 내가 쓴 리뷰가 책의 내용과는 전혀 상관이 없을 때도 있다. 책을 읽고 나서의 내 생각을 적다 보니 리뷰라는 형식으로 글을 쓸 뿐, 책과는 완전히 동떨어진 생각을 쓰게 되기도 한다. 그러나 내 리뷰를 보고 그 책을 사 봐야겠다고 댓글을 다는 사람들도 있는 것을 보면 리뷰는 책과는 또 다른 영역이라는 생각이 든다.

우리나라 인구에 비해 책을 읽는 사람은 매우 적다. 그런데 책을 읽는 사람 중에 리뷰를 쓰는 사람은 더더욱 극소수다. 또 리뷰를 쓰는 사람 중에 읽는 모든 책을 리뷰로 올리는 사람은 가뭄에 콩 나듯 상당히 적다. 그러나 나는 이제 하나의 습관이 되어 읽은 모든 책에 대해 리뷰를 쓴다. 사실 이제는 습관도 넘어 책을 읽고 리뷰를 쓰겠다는 굳은 의지를 실천하고 있는 중이다.

리뷰를 쓸 때마다 알지 못했던 분야에 대해 생각을 하게 되고, 기존에 알았던 것을 다시 생각해 보고, 알고 있던 것과 다른 부분을 생각하게 되고, 책이 단서를 제공해서 관련이 없던 부분에 대해 새롭게 생각하는 과정을 거치면서 나 자신이 점점 발전하고 있음을 느낀다. 여전히 아는 것보다 모르는 것이 더 많고, 알면 알수록 부족함을 깨닫게 되지만 책을 읽고 리뷰를 쓰며 그만큼 생각이라는 것을 하는 과정은 내게 정말로 큰 도움이 된다. 이것은 돈을 주고도 살 수 없으며 그 무엇을 준다 해도 바꿀 수 없는 내게는 가장 큰 자산이자 내 인생의 보물이다.

리뷰를 쓴다는 것은 사람들이 생각하는 것만큼 그렇게 어렵고 대단한 것이 아니다. 누구나 쓰다 보면 잘 쓸 수 있다. 다만 연습이 필요할 뿐이다. 그러니 어렵게 생각하지 말고 딱 한 줄부터라도 시작해 보자. 읽고 나서 책에 대한 감상이나 생각을 적으면 그것이 바로 리뷰다. 그렇게 한 줄 한 줄 써 나가다 보면 언젠가는 줄줄줄 써내려 가는 자신의 모습을 발견하게 될 것이다.

책을 통해 성취의 참의미를 깨닫고
실천하는 **빌 게이츠**

역사상 가장 큰 액수의 기부를 한 사람이자 전 세계 부자 순위에서 오랫동안 1위 자리를 놓치지 않은 인물이 있다. 바로 빌 게이츠다. 그는 마이크로소프트 회사를 만들어 세계의 컴퓨터 시장을 장악한 것은 물론 인류 역사의 흐름을 바꿔 놓는 큰 공헌을 했다.

학교생활을 따분해하던 빌 게이츠에게 그의 아버지는 책을 읽으라고 충고했다. 그 후 도서관의 책을 독파하며 열 살이 되기 전에 모든 백과사전을 전부 읽을 정도로 그는 엄청난 독서광이었다. 또 1년에 한 번은 생각주간이라 하여 일주일 동안 모든 잡무에서 벗어나 혼자서 조용히 책을 읽으며 생각하는 것으로도 유명하다.

　빌 게이츠의 일생에 가장 큰 영향을 미친 책은 헤밍웨이의《노인과 바다》다. 노인은 바다에서 오랜 시간의 사투 끝에 커다란 녹새치를 잡지만 돌아오면서 상어떼가 모두 뜯어 먹어 결국 뼈만 남게 된다. 그러나 노인에게는 물고기와 함께 사투를 벌였던 것 자체가 엄청난 성취감을 맛보게 해 준 의미 있는 시간이었다.

　빌 게이츠가 자신의 모든 자산을 소유하려 하지 않고 기꺼이 기부를 통해 사회에 환원할 수 있었던 것은 바로 자신이 최선을 다해 성취하는 그 자체가 중요하지 소유하는 것은 중요하지 않다는 점을 어린 시절 읽었던《노인과 바다》를 통해 깨달았기 때문이다. 또한 깨닫는 것에 그치지 않고 책을 통해 깨달은 바를 삶에서 실천하고 있는 것이다.

　그는 책을 통해 인생에서 가치 있는 것이 무엇인지를 배우고 그것을 실천하고 있는 중이다.

리뷰 쓰기가 주는
커다란 장점

5

나는 읽은 모든 책의 리뷰를 쓰지만 일정 분량 이상 쓰기를 원칙으로 하고 있다. 사실 때때로 리뷰를 쓰기 위해 책을 읽는 것은 아닌지 스스로 궁금해지기도 한다. 나는 1년에 150권 정도의 책을 읽는데, 이는 곧 총 150개의 리뷰를 쓴다는 의미이기도 하다. 또한 총 150번의 내 생각을 글로 표현하고 있다.

　책을 많이 읽는 사람은 다독에서 벗어나야 그다음 단계의 책 읽기가 시작된다는 말이 있다. 정말로 오래도록 남는 책을 읽고 또 읽으면서 해체 수준으로 다시 읽으며 생각하는 것이 인생에 있어 큰 도움이 된다는 의미다. 아무 책이나 읽으면 안 되고 고전이라고 불리는 책을 염두에 둔 책읽기를 이야기하는 듯하다.

그러나 나는 아직까지 그 단계에 진입하지 못했는지 여전히 읽고 나서 좋았던 책도 다시 읽지 않는다. 그러고는 다른 책은 없는지 도서관에 가서 살펴보고, 서점에 가서 새로 나온 책이나 미처 몰랐던 책에 대해 뒤적이고, 인터넷 서점에서 적극 홍보하고 있는 책들도 확인하면서 그 리스트를 읽어야 할 책 목록으로 머릿속에 저장해 놓는다.

오랜 시간이 흘러도 사람들에게 아직까지 선택되어 영감을 주고 깨달음을 주는 고전에 대한 가치는 충분히 인정하지만, 꼭 고전을 통해서만 깨달음을 얻을 수 있는 것이 아니라고 생각한다. 어떤 책을 읽는지도 중요하지만 그 책을 읽는 사람의 자세와 태도도 중요하다고 본다. 어떤 책이라도 그 책을 읽고 단 하나라도 얻을 것이 있고 정신세계에 자양분을 공급해 준다면 그것으로 충분하지 않은가.

사실 내가 읽는 책들은 개인적으로 믿을 만한 분들이 추천해 주거나, 끌리는 책을 보는 편이어서 나도 모르게 갈수록 편식을 하게 될 위험성이 존재한다. 읽고 싶은 것만 읽게 될 가능성이 크다는 말이다. 분야를 가리지 않고 골고루 읽으려고 노력은 하지만 끌리는 책만 읽는다는 것은 친숙하고 익숙한 책을 고른다는 의미로 비슷비슷한 책을 읽게 되는 결과를 가져온다.

책을 읽고 반드시 리뷰를 쓰는 것이 내 자신에게는 나름대로 중요한 의미가 있다. 이미 읽은 책과 비슷한 분야의 책을 또다시 읽는다는 것은 한 번 생각했던 부분에 대해 다시 한 번 생각하게 되고 내 생각을 좀 더 다듬고 전에 적었던 글과는 다른 관점이나 미처 쓰지 못했던 글을 올리며 생각을 더 할 수 있는 장점이 있다. 또 내가 처음 접하는 분야의 책에 대한 리뷰는 알지 못했던 것을 알게 된 부분에 대해 쓰고, 내 일상이나 하고 있는 일과 연관되어 떠오르는 생각을 적게 되고, 읽은 것 중에 기억이 나는 부분에 대해 쓰면서 그런 기억이 지금까지 내 머릿속에서 떠나지 않은 이유와 관련된 내용을 쓰면서 생각을 하게 된다.

본격적으로 책을 읽기 시작한 이유는 오로지 실용적인 목적을 위해서였지만, 책을 많이 읽게 되면서부터는 무엇인가 얻고자 하는 실용적인 목적보다는 책을 읽는 자체에 큰 의미를 두게 되었다. 결국 책 읽기는 하나의 습관이 되어 내 인생에서 떼려야 뗄 수 없는 나의 정체성이 되기에 이르렀다.

그리고 마침내 책을 읽으면서 나도 글을 쓰기 시작했다. 본격적인 글쓰기는 리뷰였다. 책을 읽은 후에 내 생각을 적기 시작한 리뷰를 출발점으로 해서 부동산 경매와 투자에 대한 기록을 적어 책으로 나오게 되었다. 그 밖에도 여러 분야에 대해 내 생각을 글로 쓰게 되었다. 글을 쓴다는 것은 사실 생각을 한다는 것이다. 그런데 글을 쓸 때 아무거나 쓸 수는 없으므로 분야와 소재가 있어야 한다. 사실 글쓰기에서 분야와 주제, 소재를 정하는 것은 무엇보다 중요하며 이것이 글쓰기의 시작이라 할 수 있다.

이 부분에서 나는 가장 확실하고도 분명한 무기를 갖고 있다고 생각한다. 그것은 바로 내가 읽은 모든 책을 리뷰로 쓴다는 것이다. 1년에 150권 정도를 읽으니 1년에 매일같이 써야 할 글 중에서 최소한 반은 무엇인가에 대한 생각을 하면서 글을 쓸 수 있다. 어떤 글을 쓸까에 대한 고민을 할 필요도 없이 저절로 생각하게 되는 것이다.

물론 글을 쓰기 위해 책을 읽는 것은 아닌지, 주객이 전도된 것은 아닌지 걱정이 될 때도 있지만 리뷰를 쓰면 좋은 점은 적어도 실천을 한다는 데 의의가 있다. 단지 책만 읽으면 자칫하면 위에서 내려다보며 비판만 하고 자신의 지식을 늘어놓으며 교만에 빠질 수 있지만, 리뷰를 쓰면 글을 쓰며 깊이 생각하게 되고 남의 생각을 이해하게 되면서 겸손해질 수 있다.

글로써 무엇인가를 표현한다는 것은 결국에는 남들에게 보여주기 위한 측면도 있다. 그러나 그보다는 자신의 생각을 스스로 풀어내는 과정이다. 사람마다 생각을 하는 과정은 다를지 모르지만 그저 막연히 어떤 생각을 한다면 잡생각도 들고 집중해서 하지 못할 때가 많다. 그러나 글로 쓰다 보면 자신도 모르는 생각이 글로 표출되는 경험을 하게 된다. 나는 평소에 이런저런 잡생각을 하는 편이지만 글을 쓸 때는 가장 집중해서 한 가지에 대한 다양한 측면이나 보다 깊은 생각을 하게 된다.

나는 하루도 빠짐없이 글을 쓰겠다고 마음을 먹었지만 대부분 읽고 본 것에 대해 쓰게 된다. 그래서 책을 읽고 쓴 리뷰가 압도적으로 많다. 그만큼 다양한 책을 읽는다면 생각의 범위도 폭넓게 되고, 생각지도 못한 생각을 하게 될 수 있을 것이다.

이처럼 글을 쓴다는 것은 책을 읽는 것 이상으로 이점이 많다.

리뷰를
어떻게 쓸까요?

6

책을 읽는 것과 리뷰를 쓰는 것은 완전히 다른 영역이다. 많은 사람이 책도 잘 읽지 않지만 그나마 읽은 책에 대해서 리뷰를 쓰는 일은 더욱 드물다. 책을 읽는 것은 남이 써 놓은 글을 읽으면 되지만, 자신이 글을 쓴다는 것은 결코 쉽지도 않을뿐더러 고통스럽기까지 하다. 더욱이 좋은 책을 읽고 이에 대해 저절로 무엇을 쓰고 싶다는 생각이 들어 쓰는 경우를 제외하고는 리뷰를 써야 할 필요를 느끼지 않기 때문이다.

리뷰를 쓴다는 것, 글을 쓴다는 것은 상당한 고통을 동반한다.

무엇을 어떻게 써야 하는지에 대해 난감하고 막막하기 때문이다. 사람들이 느끼는 고통과 두려움 중에 남들 앞에 서서 연설하는 것이 가장 으뜸이라고 한다. 그런데 글을 쓰는 것도 이에 버금간다고 한다. 개인적으로 끄적이는 글은 손가는 대로 쓰면 되지만 남들에게 보여 줘야 하는 글은 상대방을 고려해야 하기에 더더욱 힘든 작업이다.

책을 읽은 후에 쓰는 리뷰는 책이라는 매개체를 통해 나에게 다가온 의미를 글로 풀어내는 작업이다. 그런데 꼭 글로 풀어내야 할 이유가 있을까? 책을 읽으면서 좋았던 것을 그저 혼자만 간직해도 되겠지만 어떤 식으로 간직하느냐가 문제다. 만약 리뷰라는 형태로 남기지 않으면 단기기억에 아주 잠시 머물렀다가 사라져 버릴 뿐이다. 리뷰를 쓴다고 단기기억에서 장기기억으로 넘어간다는 보장은 없지만 그나마 좀 더 오래 머릿속에 남는 것은 사실이다. 글을 쓰면서 읽었던 내용을 상기하고 책의 내용을 곱씹는 과정을 거치기 때문이다.

물론 리뷰도 결국은 글을 쓰는 일이기 때문에 결코 쉽지는 않지만, 한 가지 희망적인 사실은 막연하게 아무 글이나 써야 하는 것이 아니라 무려 300페이지나 되는 분량의 책을 읽고 이에 대한 생각이나 느낌을 쓰는 것이니 범위는 상당히 좁혀져 있는 상태다.

어떤 책이든 읽고 나면 분명 어떤 생각이나 느낌이 들 것이다.

실망을 했으면 어떤 부분이 실망스러웠는지, 나에게 도움이 되었다면 어떤 부분에서 도움이 되었는지, 새롭게 알게 된 것이 있다면 어떤 부분인지 쓰면 된다. 또한 만약 사람들이 잘 읽었다고 하면 그 부분에 대한 자신의 생각을 쓰고, 다르게 생각되면 그 부분에 대해 쓰면 된다.

자신의 느낌을 정직하게 남들에게 보여 준다는 의식을 하지 말고 부담 없이 쓰면 그것 이상으로 좋은 리뷰는 없다. 애초에 남에게 보여 주기 위한 글이 아니라 책을 읽고 스스로 정리하고 되새김질하기 위한 글이므로 잘 쓸 필요도 유려한 내용으로 감탄스런 글을 쓸 필요도 없다. 그냥 생각나는 대로 적어도 상관없다. 책을 읽고 느낀 점을 쓰는 것이니 딱 한 줄만 남겨도 문제가 되지 않는다. 책을 읽고 든 생각이 자연스럽게 길게 몇 문장씩이나 이어진다면 모르지만 그렇지 않다면 바로 그 만큼이 책을 읽고 자신에게 온 감흥일 테니 말이다.

읽는 것과 쓰는 것이 다르듯이 글과 말도 매우 다르다. 누군가와 의사소통을 위해서는 말은 꼭 필요하다. 말을 하지 않으면 상대방이 내 의도를 파악할 수 없고, 내가 전하려는 내용을 말하지 않으면 상대방이 알 수 없다. 그런데 우리가 말을 할 때 대단히 거창하고 주옥같은 말을 하려고 노력하는가? 전혀 그렇지 않다. 입에서 나오는 대로 말한다. 간혹 생각 좀 하고 말하라는 이야기를 들을 만큼 자신의 의지와 전혀 상관없이 말이 나가기도 한다.

중요한 순간에는 될 수 있는 한 조심하면서 생각을 하며 말하려고 노력하지만 일상생활에서 그런 사람은 없다. 만약 일상생활 속에서 늘 그래야 한다면 온갖 스트레스로 오히려 말이 점점 줄어들고 심지어 하지 않으려고 할 것이다. 리뷰를 쓰는 것도 동일한 방법으로 접근하면 된다. 말을 하듯이 아무런 부담 없이 쓰면 된다. 설사 형편없다 해도 그건 내 글이 아니라 그 책이 그렇다는 의미를 쓴 것이니 창피한 일이 아니다.

글을 잘 써야 한다는 압박감과 무언가 거창한 글을 써야 할 필요가 전혀 없는 것이 바로 리뷰를 쓰는 일이다. 리뷰를 쓰는 것은 누군가에게 자신의 주장을 알리고 남을 설득해야 하는 것이 아니라, 자신이 책을 읽고 느낀 점을 말이 아닌 글로 풀어내는 작업이다. 무슨 책을 읽었다고 하거나 읽고 있는 걸 보고 상대방이 "그 책 어때?"라고 물으면 간단하게라도 그 사람에게 대답을 한다고 생각하면서 리뷰를 쓰면 된다.

나는 선택한 책은 무조건 끝까지 정독으로 다 읽고, 읽은 후에는 한 권도 빼놓지 않고 리뷰를 쓴 것이 어느덧 5년이라는 시간이 흘렀다. 솔직히 말해서 리뷰를 쓰는 것이 결코 쉽지는 않다. 지속적으로 블로그에 올리다 보니 사람들의 반응도 신경 쓰게 되고, 읽은 후 별로라고 생각되는 책에 대해서도 대놓고 말할 수는 없고 완곡히 표현하기도 한다. 나도 책을 출판한 한 사람의 작가로서 책을 쓴다는 것이 얼마나 힘든 작업인지 충분히 알고 있기에 차마 심한 말을 할 수가 없다.

그렇지만 리뷰를 쓰는 것의 기본은 남이 아닌 나로부터 출발한다고 본다. 다른 누구도 아닌 내가 책을 읽고 느낀 점을 가감 없이 쓰면 된다. 굳이 남에게 보여 주기 위해 글을 길게 쓰고 멋있고 예쁘게 써야 할 이유가 전혀 없는 것이 바로 리뷰를 쓰는 일이다. 책을 읽는 이유가 남에게 무엇인가 주기 위한 것이 아닌 것처럼 리뷰를 쓰는 것도 마찬가지다. 비록 인터넷상에 올리는 리뷰는 책을 읽는 행위와 달리 타인이 볼 수 있지만 본질적으로 내 자신을 위한 것임을 잊지 말아야 한다.

리뷰를 쓰는 것이 부담스러워 여전히 주저하고 생각만 하고 있는 사람들이 있다면, 친구들을 만나 책에 대해 이야기를 나눈다고 생각해 보라. 남을 의식하지 말고 자신이 편하게 하고 싶은 이야기를 친구에게 간단하게 한다는 심정으로 글을 써 나가면 된다.

가장 중요한 점은 리뷰는 책을 읽어야만 할 수 있는 일이라는 사실이다. 책을 읽지 않으면 리뷰는 쓸 수가 없다. 다시 기본으로 돌아와서 책을 읽어야 이 모든 것은 의미를 갖게 됨을 언제나 잊지 말라.

제6부

책에 대한 단상

무인도에
가져 갈 책

―
1
―

뜻하지 않게 무인도에서 몇 년 동안 살아야 한다고 가정해 보라. 먹고사는 데 지장은 없지만 할 것은 전혀 없는 곳이다. 만약 책을 몇 권 정도 가져갈 수 있다고 생각해 보라. 밥 먹고 잠자는 시간 이외에는 할 것이라고는 책을 읽는 일밖에 없다. 그렇다면 어떤 책을 가져가야 무인도에서 다시 세상으로 나왔을 때 비록 유행에는 뒤떨어지고 변화된 세상에 혼란스러워 하겠지만 중심을 잡고 잘 살아갈 수 있을까?

소위 문사철이라고 하는 문학, 역사, 철학과 관련된 책은 있어야만 할 듯싶다. 택배로 보낼 수도 없는 곳이고, 직접 운반해야 하니 몇 권밖에 가져갈 수 없다. 그리고 몇 년 동안 두고두고 읽어야할 책이다. 한 번 읽고 다시는 읽지 않을 책이나 유행에 편승한 책은 아무런 의미가 없을 것이다. 세상에 대한 통찰과 인간(나)이라는 존재에 대해 이야기하는 책이나 무인도에서 나왔을 때 근본적인 도움을 줄 수 있는 책이어야 할 것이다.

몇 년 동안 반복적으로 읽게 될 책이니 기존에 읽었던 책 중에 반복해서 봐도 좋을 책이나, 아직 읽지는 않았지만 두고두고 볼 책으로 가져가야 한다. 게다가 무인도라는 곳에서 몇 년 동안 지내면 시대에 뒤떨어진 사람이 되었지만 무인도에서 읽었던 책을 바탕으로 세상을 나만의 시선으로 바라볼 수 있도록 도움을 줄 만한 책으로 선정해야 한다.

나는 지금까지 책을 선택할 때 고민을 하면서 선택한 적이 별로 없다. 대부분 읽고 싶은 책을 구입하기보다 도서관을 가서 그곳에 있는 책 중에 읽고 싶은 책을 선택해서 읽었다. 그러다 이번에는 내가 읽고 또 읽으면서 남은 인생에 있어 도움이 될 책으로 선택하려고 하니 보통 심각해지는 것이 아니다. 이럴 때를 대비해서 책을 엄청나게 많이 읽었으면 훨씬 더 도움이 되었을 듯싶기도 하다. 특별한 목적 없이 읽은 책들이 많다 보니 읽은 책 중에서는 사정없이 탈락하는 책들이 가득하다.

읽은 책에 비해서 읽지 않은 책은 해변의 모래만큼 많은데, 이 중에서 선택하는 것도 역시 쉽지 않다. 읽지 않은 책 중에 남들은 좋다고 말하며 엄청난 영향을 받았다고 하지만, 내게도 그런가 라고 스스로에게 물어보면 고개가 갸우뚱해진다. 한 권의 책은 저자가 동일하고 누가 읽어도 내용은 똑같지만 그것을 읽는 사람은 저마다 받아들이는 것이 천차만별이기 때문이다.

재레드 다이아몬드의 《총균쇠》, 《문명의 붕괴》, 《어제까지의 세계》는 먼저 집어 들어야 할 듯하다. 이 책들은 내게 상당히 큰 영향을 끼치기도 했고, 인류의 발전과 멸망에 대해 이야기하는 책이다. 똑같은 인간임에도 왜 어떤 부류는 우수해졌고, 어떤 부류는 뒤처졌는지에 대해 알려 준다. 환경론적인 측면으로 접근한다는 한계가 있기도 하지만, 인간이 환경에서 자유로울 수 없다는 것은 이미 수많은 실험을 통해 밝혀진 사실이다. 인류의 흥망성쇠가 궁극적으로 개인과 무슨 상관이 있나 라는 의문이 들 수도 있지만, 개인이 모여 군집을 이루고 군집이 모여 집단을 형성해 씨족사회를 넘어 국가까지 발전한 인류의 역사를 돌아보면 현재 우리 사회에서 벌어지는 일들도 개개인에 의해 만들어지는 것이다. 이를 통해 개인이 모인 사회의 변화를 추측하고, 예측하고, 대응할 수 있는 데 도움이 될 수 있다고 생각한다.

나심 니콜라스 탈레브의 《행운에 속지 마라》, 《블랙스완》, 《안

티프래질》을 두고두고 읽어야 할 듯하다. 이 책들은 투자를 위한 참고 도서로 읽을 수도 있겠지만, 인간에 대한 고찰을 위해 읽을 수도 있는 책들이다. 지구를 정복할 정도로 인간은 똑똑한 존재이지만 인간의 행동은 이해되지 않을 때가 너무 많아 예측하기 어렵다. 세상에서 가장 똑똑하다고 하는 사람이 하는 최고, 최선의 선택도 잘못으로 판명이 난다. 왜 그럴까? 나심 니콜라스 탈레브의 책은 철학, 심리학, 역사 등을 투자와 버무려 이러한 문제에 대해 심도 있게 알려 준다.

우연히 사라 베이크웰의 《어떻게 살 것인가》를 읽었다. 이 책은 몽테뉴의 생애에 대해 알려주는 책이다. 당시에 내 삶과 맞아떨어지면서 이 책을 통해 다시 한 번 '어떻게 살 것인가'를 고민하게 되었다. 책은 내 고민에 대해 어떤 답도 해 주지 못했지만, 이후에 고민을 시작해서 현재 결론을 내리고 살고 있다. 그래서 이 책과 함께 몽테뉴의 《수상록》을 가져가겠다. 솔직히 무인도에 가지 않는다면 읽지 않게 될 듯싶지만, 자신의 존재 의미와 삶과 세상에 대한 성찰이 있으니 지겨워도 틈틈이 읽을 것 같다.

그리고 역사에 대한 책 한 권을 꼭 가져가야만 할 듯하다. 우리가 역사를 배우려는 이유는 과거를 통해 현재를 알고 미래를 예측하기 위해서다. 역사에 대해 읽은 책이 거의 없어 네이버 파워블로그이자 이코노미스트인 홍춘욱 씨가 강력하게 추천하는 이안

모리스의 《왜 서양이 지배하는가》를 가져가면 되지 않을까 한다. 무인도에서 나와도 여전히 세계는 변함이 없을 것이다. 인류 역사에서 동양과 서양은 서로 엎치락뒤치락하며 서로 앞서거니 뒤서거니 했지만 현재 우리가 살고 있는 시대는 서양이 앞서 있는 것이 사실이다. 그 이유에 대해 두고두고 읽으면서 연구하고 생각하며 나에게 적용하면 분명히 도움이 될 듯하다.

나는 지금도 투자를 하고 있고 앞으로도 할 예정이니 벤저민 그레이엄의 《현명한 투자자》와 내가 쓴 《후천적 부자》를 갖고 가야겠다. 투자의 본질에 대해, 투자란 무엇인가에 대해 이보다 더 좋은 책은 없을 듯하다. 《현명한 투자자》는 내용이 쉽지 않고 주식투자에 관한 책이지만, 책 내용만 제대로 숙지해서 내 것으로 만들면 자신만의 투자관을 만들 수 있을 거라 생각한다. 솔직히 쓸 당시에도 몰랐고 출판 이후에도 몰랐는데 시간이 지나면서 내가 쓴 《후천적 부자》는 투자의 기본적인 마인드와 방법론적인 측면을 폭넓게 다루고 있어 다른 책을 읽을 필요가 없다는 생각이 든다. 내용이 쉽고 뻔한 이야기이지만 원래 기본과 본질은 쉽고 뻔해 보인다.

문학 소설은 너무 방대해 선정하기가 애매해서 문학전집을 갖고 가고 싶지만 빅토르 위고의 《레미제라블》(5권)을 읽는 것이 좋을 듯하다. 방대한 양이어서 오래도록 읽을 수 있고 작품의 시대

상황이나 내용이 보수와 진보의 대결, 가진 자와 가지지 못한 자의 대립, 정의와 이상에 대한 다른 관점뿐만 아니라 그 안에서 피어나는 사랑 등 다양한 주제가 담겨 있어 여러 가지를 생각해 볼 수 있을 것이다.

벌써 갖고 가야 할 책이 무려 16권이나 된다. 더 이상은 갖고 갈 수 없을 듯하다. 이 책들을 읽고 세상에 대한 혜안이 생기고 본질을 파악해서 현명하게 살아가면 좋겠지만 아마도 그럴 리는 없을 것이다. 1년에 수백 권을 읽고 다 합치면 만 권을 넘게 읽었음에도 약간 더 똑똑하고 알고 있는 것이 많을 뿐인 사람도 제법 많은 것을 보면 말이다.

이 책들을 통해 다양한 관점에서 다양한 생각을 지속적으로 이리저리 해 보면서 세상을 바라보는 나만의 관점, 가치관, 인생관, 세계관을 갖게 될 수 있기를 바란다. 그러면 세상에 나갔을 때 일어나는 일들에 대해 넋 놓고 있다가 자신도 모르게 함몰되어 당하지 않고 자립해서 헤쳐 나갈 수 있는 기본적인 바탕은 마련되지 않을까 생각한다.

단, 위의 책들은 단지 출발점에 지나지 않을 뿐이다. 우리 인생과 삶이 그토록 단순하게 생각대로 된다면 얼마나 좋겠는가? 끊임없는 시행착오를 통해 조금씩 실수를 줄이는 데 책이 도움이 된다면 큰 의미가 있지 않을까? 한 권당 최소 5번 이상은 읽을 수 있을 듯싶다. 그러면 그만큼 생각도 하게 될 것이다.

그렇게 열심히 읽고 무인도에서 나오는 날 엄청나게 달라진 내 자신과 만났으면 하는 바람이다.

1일
1장
1분
―
2
―

책을 읽고 싶은 마음은 있지만 책을 읽을 수 있는 시간도, 여유도 없어 책을 읽지 못하고 있다는 사람이 많다. 그런데 솔직히 책을 읽을 시간은 없어도 텔레비전도 보고 영화도 보고 있다면 책을 읽을 시간이 없는 것이 아니라 책을 읽을 마음이 없다는 것이 정확한 표현일 것이다. 한 권의 책을 읽는다는 것이 별것 아닌 듯해도 실제로 해 보면 쉽지가 않다.

책 한 권을 읽는 동안에는 다른 것을 하지 않고 시간을 할애해야 한다. 잠시 가볍게 짬을 내서 읽고 끝난다면 언제든지 부담

없이 책을 집어 들어 읽을 수 있겠지만, 대부분의 책이 최소한 200페이지에서 두꺼운 책은 1,000페이지나 되니 선뜻 책을 읽는다는 것이 마음처럼 쉽지 않다.

30분에서 1시간 정도의 시간을 투자해서 한 권의 책을 다 읽는다면 얼마든지 읽겠다는 생각이 들 텐데 하루만 읽고 끝날 수 있는 것이 아니라 며칠 내지 몇 주일 동안 계속 읽어야 한다는 부담감 때문에 쉽게 손에 잡히지 않는다.

대부분의 직장인이 아침에 겨우 일어나 러시아워에 시달리며 출근해서 상사 눈치를 보며 티도 나지 않는 일을 하루 종일 하고 오후에 또다시 인파에 시달리며 퇴근해 집에 와서 식사를 하고 나면 편안하게 텔레비전이라도 보면서 하루의 스트레스를 풀고 싶지 책을 보고 싶은 마음은 들지 않을 것이다. 그리고 이러한 생활을 반복하다 보면 책을 읽을 시간은 거의 없다.

주 5일제가 많은 곳에서 정착되어 그나마 여유롭게 쓸 수 있는 주말에도 평일에 하고 싶었지만 못했던 개인적인 일들을 하고, 친구들도 만나고 식구들과 시간도 보내야 하고, 남들에게 뒤처지지 않기 위해 무엇인가 배우기라도 하면 책을 읽는 시간은 거의 사치에 가까울 뿐이다.

그러나 많은 사람이 이러한 환경 속에서도 마음 한구석에서는 책을 좀 읽어야 하지 않을까 라는 불안감을 갖고 있다. 책을 읽으면 도움이 된다는 것을 누구나 알고 있기 때문이다.

블로그에 책 리뷰를 올리면 "책 읽는 거 참 좋은데 읽을 시간이 없네요" 내지 "책을 읽어 본 지 참 오래되었네요"라고 하는 분들도 있고, "예전에는 책을 읽었는데 쉽지 않네요"라고 하는 사람도 있다. 그러면 나는 이렇게 댓글을 단다. "그럼, 오늘부터 하루에 한 페이지씩 읽으시면 되죠!"

하루에 한 페이지면 1년에 365페이지를 읽을 수 있어 이 정도면 1년에 한 권을 충분히 읽고도 남을 시간이다. 감질나게 하루에 한 페이지를 어떻게 읽느냐고 생각하는 사람이 많겠지만 읽지 않는 것과 비교하면 비교가 되겠는가? 한 페이지가 너무 적다고 생각되면 하루에 두 페이지를 읽으면 된다. 그렇게 하면 1년에 최소한 두 권을 읽을 수 있다.

비결은 아주 단순하다. 지금 이 순간 바로 시작하는 것이다. 우리 주변에 성공했다고 하는 사람들이나 무언가 큰 성취를 이룬 사람들이 과연 처음부터 그런 위치에 있었고 인정을 받았을까? 그들도 처음이 있었고 처음에는 시작하는 것이 결코 쉽지 않았을 것이다. 어려운 상황이나 순간에도 시작을 했다는 사실이 중요하다.

책을 읽는 것도 마찬가지다. 읽고 싶은 책이 있으면 먼저 책을 집어 들고 첫 페이지를 읽기 시작하면 된다. 그렇게 하루에 한 페이지라도 매일 읽어 나가면 분명히 다 읽은 자신을 발견하게 된다. 처음 페이지를 다 읽고 나서 재미있으면 자신도 모르게 궁금하고 호기심이 생겨서 하루에 두세 페이지를 넘어 열 페이지도 넘게 읽는 날이 올 것이다. 그러면 1년 만에 책 한 권을 읽는 것이 아니라 한 달 만에 한 권을 읽을 수도 있다.

마크 트웨인은 다음과 같은 말을 했다. "앞서 가는 비밀은 시작하는 것이다. 시작하는 비결은 복잡하고 어려운 일들을 관리하기 쉬운 작은 조각들로 나눈 다음, 가장 첫 번째 조각에 덤벼드는 것이다."

우리나라 속담으로 이야기하자면 "천 리 길도 한 걸음부터" 시작된다.

결론적으로 시간이 없어 책을 못 읽는 것이 아니라 시작을 하지 않는 것이다. 책 읽을 여유가 없는 것이 아니라 의지가 없는 것이다. 하루에 한 페이지면 아무리 어려운 책이라도 10분을 넘지 않는다. 하루에 딱 10분만 책 읽는 시간에 할애하면 된다. 쉬운 책이라면 1분도 안 되어 해치울 수 있는 시간이다.

하루에 한 페이지를 읽을 시간도 없다고 말하지는 못할 것이다. 시간을 촌각으로 나눠 쓰는 사람에게도 하루에 한 페이지를 읽을 수 있는 1분은 분명 존재한다.

실천이 곧 답이다.

1일 1장 1분!

판타지
재테크 책

—
3
—

남성과 여성에게는 각자 로망이 있다. 그래서 여성들은 로맨스(소설, 드라마, 만화, 영화)를 좋아하고, 남성은 무협지, 스포츠만화, 액션 활극을 선호한다. 이는 요구되는 역할과 사회적 환경에 의해 남성과 여성이 각자 살아남기 위한 방편으로 자연스럽게 터득하고 체득한 생존요구와도 관련이 깊다.

여성들이 좋아하는 로맨스 소설에서 여주인공은 특별히 흠잡을 것은 없지만 딱히 내세울 것이 있는 여성이 아니다. 약간 새침해도 쾌활하고 활발한 성격의 소유자이면서 많은 사람에게 사랑을 받지는 않아도 친한 친구들이 있다. 가정사에 약간의 불행은 있을지라도 꿋꿋하게 잘 자라 세상을 바라보는 시선은 늘 긍정적이다.

어느 날 여주인공에게 남자가 나타난다. 정확하게는 남자에게 여주인공이 눈에 뜨인다. 남자는 대기업의 아들이고 성격이 까칠하기는 해도 구김살이 없으며, 만약 나쁜 남자 스타일이라 해도 자신의 여성에게는 지고지순한 사랑을 바친다. 남들은 미처 보지 못한 여주인공의 매력을 발견하고 점점 자신도 모르게 빠져 버린다. 비록 첫 만남은 별로였을지라도 머릿속에 각인된다. 실력과 자산, 지위를 처음부터 보여 줄 수도 있고 보여 주지 않을 수도 있지만, 결국에는 여주인공이 그 사실을 알게 되어도 모든 난관을 뚫고 사랑에 골인한다.

신분의 차이로 인해 어려움도 겪고 주변의 반대로 힘들지만 오로지 자신만을 믿고 따라와 달라는 남주인공의 말만 믿고 여주인공은 그만을 사랑하는 마음으로 힘든 여정을 출발해서 꿈꾸고 원하던 사랑을 얻게 된다. 남주인공의 사랑과 함께 따라오는 조건은 그저 보너스일 뿐이다.

남성들이 좋아하는 무협류의 이야기에는 남주인공이 무척 어려운 어린 시절을 보낸다. 아버지는 늘 올바르게 자라라고 가르쳐 주지만 현실은 먹고살기도 힘들다. 그래도 늘 긍정적으로 주변 사람들에게 예의 바르게 행동하고 착한 아이로 인상을 남긴다. 불행히도 부모는 아무것도 남겨 주지 않고 세상을 떠나고 남주인공은 혼자 세상에 남아 모든 것을 직접 해야만 한다.

온갖 고생을 다 하면서 사기도 당하고 모멸도 참으면서 세상에 대해 한탄하기보다는 내일은 잘 될 거라 믿는다. 그러던 어느 날 귀인을 만나게 된다. 귀인은 남주인공에게 내공을 전수하고 비급을 알려줘 짧은 시간에 모두가 주목하는 사람이 될 수 있지만, 본인은 철저하게 이러한 사실을 숨기려 한다. 그러나 운명은 그를 가만히 내버려 두지 않는다.

어쩔 수 없는 운명의 수레바퀴에 들어가서 어쩔 수 없이 도장 깨기를 한다. 자신보다 실력이나 내공이 뛰어난 고수를 한 명씩 온갖 고생 끝에 차례차례 물리치면서 결국에는 정점에 서게 된다. 단순히 실력만 좋은 것이 아니라 주변 사람들의 칭송과 존경을 받는 존재로 우뚝 서는 것으로 결말을 맺는다.

로맨스 소설과 무협지는 서로 장르의 특성이 다르고 소비되는 주체가 달라도 과거에도 현재에도 미래에도 계속해서 인기를 끌 장르이고 끊임없이 수요를 만들어 내고 공급시장이 존재할 것이다. 남성과 여성이라는 서로 다른 존재가 추구하는 이상향이 바로 여기에 다 들어가 있기 때문이다. 자신의 모든 것을 알아주고 무조건적인 로맨스를 보여 줄 왕자님과 어렵고 힘들어도 주변 사람들을 전부 물리치고 정상에 서는 주인공의 이야기 말이다.

현실에서는 벌어질 수 없거나 극히 드문 일들을 통해 사람들은 대리 만족을 느끼는 것이다. 나라는 존재를 발견하고 매력에 빠져드는 멋진 남성도 없고, 거의 모든 것을 갖춘 능력자가 나를 사랑해 주는 일도 현실에서는 없다. 뜻하지도 않은 귀인이 나를 적극적으로 밀어주고 모든 것을 주지도 않을 뿐더러 내 실력으로 모든 경쟁자를 물리치고 정점에 서는 일은 더더욱 없다.

본능적으로 생존하기 위해 여성들은 능력 있는 남성을 선호한다. 그래서 남성들은 능력이 없으면 원하는 여성과 연결될 수 없다는 사실을 본능적으로 안다. 본능적으로 자신도 모르게 생존을 위한 최선의 선택을 하지만 현실에서는 이뤄질 수 없으니 판타지로만 충족할 수밖에 없다.

많은 사람이 부자가 되기를 꿈꾼다. 그들이 선택하는 가장 최선의 방법은 책을 읽는 것이다. 현실은 비루하고 부자들의 모습은 로맨스와 무협처럼 각종 매체를 통해 우리에게 전달된다. 자신도 어서 빨리 그들처럼 부자가 되고 싶다. 몇십 년 후에 부자가 되는 것은 의미가 없게 느껴진다. 지금 당장은 힘들더라도 단지 몇 년만 열심히 하면 부자가 될 수 있기를 고대한다.

힘들고 어렵더라도 열심히 죽어라 노력하면 곧 부자가 될 수 있을 것이라고 이야기해 주는 재테크 책들이 눈에 들어온다. 투자라는 것은 죽어라고 고생해서 하는 것이 아니라 머리만 잘 쓰고 남들과 조금만 다르게 생각하면 되는 것이라고 알려 주는 책들에 손이 간다. 간절히 원하면 원하는 바를 얻을 수 있다고 알려 주는 책들이 마음을 끌어당긴다.

우리가 부자를 꿈꾸는 것은 늙고 병들었을 때 잘 살기 위한 것이 아니라, 한 살이라도 젊었을 때 부자가 되어 마음껏 누리며 살아가기 위한 것이 아니냐고 이야기한다. 그 방법으로 꿈꾸라고 일러 준다. 해 본 적은 없지만 저자가 알려 주는 방법은 마음을 마구 들뜨게 한다. 왠지 할 수 있을 것 같고, 해 보면 이루어질 것 같다.

저자는 해냈다고 이야기한다. 해 보니 별것 아니라고 말한다. 단, 자신은 직접 실행했을 뿐이라고 한다. 책에 나온 방법을 실천해서 나는 부자가 되었으니 당신도 부자가 되고 싶으면 나처럼 실천하라고 강조한다. 나는 그렇게 해서 이렇게 되었는데 만약 당신은 되지 못한다면 그것은 저자의 문제가 아니라 제대로 실천하지 않은 당신의 문제라고 말한다. 현재 난 몇십 억, 몇백 억, 몇천 억의 부자라고 당당하게 말한다. 그리고 부자가 된 내 이야기를 믿으면 당신도 할 수 있다고 강조한다.

어느 순간부터 재테크 책과 자기계발서는 무협지와 로맨스 소설이 되어 가고 있다. 애초부터 현실이라기보다는 판타지적인 요소가 섞여 있는 것을 부정할 수 없지만, 많은 사람이 관련 글을 읽고 지식이 쌓이면서 로맨스 소설과 무협지의 남녀 주인공과 제반 사항이 갈수록 자극적으로 변하는 것처럼 재테크 책들도 갈수록 더욱더 뜬구름 잡는 책들이 사람들의 주목을 받고 있다.

현실에서는 노력해도 부자가 될 수 없고 실천해도 되지 않는다는 것을 깨닫고 이제는 대리만족을 하려고 하는 것이다. 여전히 재테크 책을 읽고 부자가 되는 사람들은 탄생하고 있지만 나와는 상관없는 머나먼 남의 일이 되어가고 있다. 극히 희박한 확률을 뚫고 부자가 되는 것보다는 현실을 잊고 판타지를 충족하는 것으로 만족하려니 기본과 기초를 알려 주는 책은 뻔한 사실을 떠드는 책이 되어 버려 이미 다 알고 있는 것을 쓸데없이 떠든다고 생각돼 관심을 두지 않는다.

오랫동안 노력하고 인내해야 부자가 될 수 있다고 이야기하면 사람들은 관심을 갖지 않는다. 사람들이 원하는 것은 어떤 희생과 대가를 감수하더라도 당장 부자가 되는 것이다. 그러면서 마음이 두둥실 들뜨고, 현재와는 상관없는 미래를 그리며 이미 부자가 된 것과 같은 환상을 갖는다. 자신이 바로 로맨스와 무협지의 주인공이 된 것이다.

우리는 모두 이상향이 아닌 현실 세계에서 살아가고 있다. 부정하고 싶어도 부정할 수 없는 현실이라는 무게감이 우리를 짓누른다. 잠시나마 우리의 환상을 채워 줄 재테크 책을 읽는 것으로

위로 받는다. 읽고 있는 그 순간은 부자가 될 수 있을 것 같고, 원하는 모든 것을 얻을 수 있을 것 같아 행복감을 느낀다.

우리는 로맨스와 무협지를 읽을 때는 분명하게 대리만족을 위해 읽고 있다는 사실을 인지하지만, 재테크 판타지 책을 읽고 있을 때는 그러한 사실을 인지하지 못한다. 지루하고 따분한 노력을 통해 부자가 되는 법을 알려주는 책은 외면받고, 환상을 자극하고 큰 꿈을 꾸게 만들어 주는 책을 통해 사람들은 대리만족을 느끼고 애써 현실을 잊으면서 살아가고 있는 것은 아닌지 자못 궁금하다.

최고의
공부법은 독서

——
4
——

부모들은 자녀에게 "공부해라"라는 말을 입에 달고 산다. 공부를 해야 최소한 출발선이라도 뒤처지지 않기 때문이다. 본인 스스로 공부로 특별한 혜택을 받은 것은 없어도 공부를 잘해야만 사회에서 그나마 대접을 받을 수 있다는 사실을 경험을 통해 알고 있기 때문이다. 물론 공부를 잘하면 좋은 직업을 선택할 확률이 높아지는 것은 사실이다.

우리나라는 학창 시절에는 열심히 공부를 하지만 학교를 졸업함과 동시에 공부도 졸업하는 사람이 많다. 공부는 학생 때나 하는 것으로 여기고, 더 이상 공부하는 것이 무의미하다고 생각한다. 《최고의 공부》라는 책에서는 공부 방법을 세 가지로 나누고 있다. 단순히 암기해서 시험공부를 하는 '피상적 학습자', 좋은 성적을 내기 위해 공부하는 '전략적 학습자', 보물찾기 하듯이 공부하는 '심층적 학습자'가 그것이다.

대부분의 학생은 단순한 암기로 벼락공부를 하는 '피상적 학습자'에 해당하고, 전략적으로 공부를 해서 좋은 성적을 내는 '전략적 학습자'들은 학생 때에는 공부를 잘하는 것으로 보인다. 자신이 궁금해 하는 지식을 보물찾기처럼 공부하는 학생들은 당장의 시험 점수는 안 좋을 수 있지만 시간이 지날수록 피상적 학습자와 전략적 학습자와는 큰 차이를 보이게 된다.

누가 시켜서 하는 공부가 아니라 자신이 궁금해서 그 분야에 대해 찾아서 공부를 하면 모르는 것이 있으면 포기하고 넘어가는 것이 아니라 지속적으로 모르는 부분을 알기 위해 노력하게 된다. 그리고 드디어 알게 되었을 때의 쾌감은 이루 말할 수 없기 때문에 모르는 부분이 나올 때마다 관련 공부를 계속한다. 그 결과 초반에 다소 느릴지라도 탄탄하게 기초를 쌓아 가며 무너지지 않는 지식의 성을 쌓게 되는 것이다.

남들보다 좋은 성적을 얻어 남보다 앞선 출발점에 서기 위한 공부나 남과의 비교우위로 이기기 위한 공부가 아니라 모르는 것을 계속해서 탐구하며 새로운 것을 알게 되는 공부가 바로 참된 공부라고 생각한다. 그리고 이를 통해 진정한 즐거움을 맛볼 수 있다.

공부에는 두 가지 방법이 있다. 모르는 것이 있으면 혼자서 책을 읽고 고민하고, 그래도 모르면 다시 또 다른 책을 찾아 읽으면서 스스로 계속 답을 찾아가는 과정을 통해 하나씩 알아 가는 공부 방법이 있다. 또 다른 하나는 자신이 알고 있는 것을 타인과 토론을 통해 검증하며 공고히 하거나 깨지는 과정을 통해 공부하는 방법이다.

하버드 대학에서는 첫 수업 시간에 과제가 나오면 동양인은 각자 자신의 집에 가서 혼자 공부를 하고, 서양인들은 그 즉시 스터디를 조직해 함께 토론을 한다고 한다. 근대 이후에 서양이 동양을 앞선 이유는 바로 이러한 서양의 공부 방법 덕분이라고 한다. 심지어 이스라엘의 도서관은 2인 1조로 앉게 되어 있어 책을 보다가 궁금한 것이 있으면 옆 사람과 즉시 활발한 토론을 해서 도서관이 항상 시끄럽다고 한다.

성인이 된 후에 자격증을 따기 위한 공부는 전략적 학습을 해야 한다. 시험이 끝난 후에는 외웠던 내용이 하나도 머리에 남지 않고 무의미하게 되는 것은 전략적인 학습으로 자기 것으로 체득하는 과정이 없기 때문이다.

혼자서 공부하는 동양인이면서 좋은 점수를 받기 위해 공부하는 우리로서는 서양인들의 토론식의 공부를 하기에는 여건상 쉽지 않다. 심층적 학습법이 가장 좋은 공부 방법이라고 했는데, 그 가장 좋은 방법은 바로 책을 읽는 것이다. 책을 읽는 것은 끊임없이 궁금한 내용을 찾아 떠나는 하나의 과정이다.

좋은 점수를 얻기 위해 공부하는 것이 아니라 모르는 것을 알기 위해 토론을 하면서 하는 공부는 쉽지 않다. 일정 수준에 오른 학생들끼리 모여 토론을 하는 것이 아니라면 천차만별의 사람이 모여 토론을 한다는 것은 자신보다 풍부한 지식을 갖고 있는 사람에게는 논리적으로 설득당하고 주눅이 들 수밖에 없다. 그래서 책을 읽는 것이 심층적 학습법의 가장 좋은 방법이 될 수 있다.

자신의 수준에 맞는 책을 골라 읽고 이해가 되지 않는 부분은 다시 한 번 반복해서 읽거나 비슷한 수준의 다른 책을 읽으면서 하나씩 습득하며 자신의 지식을 늘려가 보라. 점점 관련 분야의 지식이 쌓이고 수준이 높은 책으로 수준을 높이며 읽다 보면 어느 순간 자신도 모르게 생각하지도 못한 보물을 하나씩 찾아가는 재미를 느끼게 된다.

가장 최고의 공부 방법은 바로 독서다. 우리는 어떤 분야의 기초부터 심층적인 전문적인 내용까지 전부 책에서 발견하고 공부하고 알아낼 수 있다. 알고 싶은 분야에 대해 여러 면으로 교차 비교하고 검증하고 싶을 때도 마찬가지로 읽고 있던 책과는 반대 관점의 책을 읽어 검증하는 과정을 얼마든지 스스로 할 수 있다.

책을 읽어 공부하는 방법의 가장 좋은 점은 언제 어디서나 읽을 수 있다는 것이다. 특별한 장소에서 마음을 다잡고 공부하겠다는 자세로 하는 것이 아니라, 집에서는 물론이고 전철에서도 카페에서도 누군가를 기다리면서 아주 짧은 시간에도 할 수 있는 방법이다. 공부를 해야겠다는 강박관념도 가질 필요가 없다. 언제든지 책만 펴면 그 책이 나에게 알려 주는 내용을 습득하기만 하면 된다. 시험을 치르기 위한 딱딱한 책이 아니므로 재미있게 읽을 수 있다.

학생 때 억지로 하는 공부와 달리 성인이 되어 자발적으로 하는 공부가 바로 진정한 심층적 공부법이고, 우리가 존경하는 많은 위인이 했던 방법이다. 자신이 알고 싶은 분야의 책을 집어 들고 하나씩 궁금한 점을 알아가는 심층적 독서법을 통해 처음에는 느릴 수 있지만 결국에는 머릿속에 영원히 남는 탄탄한 지식을 갖게 될 수 있다.

책을 읽는 행위 자체가 바로 공부다. 공부라는 것은 사실 거창한 것이 아니라, 책을 읽는 것만으로도 충분하다. 고득점으로 원하는 결과를 얻기 위한 공부가 아니라 자신이 원하는 것을 알고자 하는 공부가 바로 심층적 독서법이다.

내 인생의
책

책은 한 개인의 운명을 바꾸기도 하고, 고민에 대해 해결책을 제시해 주기도 한다. 책의 영향을 받아 인생을 새롭게 출발하는 사람들도 있어 '내 인생의 책'과 같은 책을 소개하는 코너들이 있다. 유명인들이 나와 자신에게 지금까지 영향을 미치고 있거나 어려울 때 큰 도움이 되었던 책을 소개하는 내용이다. 네이버의 '지식인의 서재'도 영향력이 있는 사람이 되기까지의 과정에서 자신에게 많은 영향을 미친 다양한 책을 소개하는 내용으로 구성되어 있다.

내 인생의 단 한 권의 책을 고르라고 하면 나는 고를 수가 없다. 딱 한 권의 책을 통해 세상을 바라보는 것만큼 편협한 시각도 없을 것이다. 여러 책을 통해 지금 내가 생각하고 세상을 바라보는 시각을 얻었다고 생각하기에 딱 한 권을 고른다는 것은 쉽지 않다. 더욱이 그 한 권은 나라는 사람을 규정해 버릴 텐데 그럴 만한 단 한 권이라는 것이 있을까에 대한 의문이 들기 때문이다.

중학교 시절 아는 친구 집에 갔는데 이문열의 《사람의 아들》이 눈에 띄어 책을 집어 들었는데, 친구 누나가 읽지 말라고 했다. 나는 기독교가 모태신앙이었는데 누나 말에 의하면 그 책을 읽으면 시험에 든다는 것이었다. 그러나 무시하고 그 책을 읽었다. 그러고는 엄청난 충격을 받았다. 내가 알고 있는 하나님 말고 다른 하나님도 존재한다는 액자 구조의 형식으로 쓴 그 소설을 보고 작가의 상상력에 감탄을 넘어 완전히 다른 세계를 알게 된 것이다. 지금은 인간의 상상력은 엄청나다는 사실을 알기에 그럴 수 있다고 생각하지만, 아무것도 모르는 중학교 시절에는 그것은 충격 그 자체였다.

고등학교 시절 한참 탐독했던 작품은 김용의 《영웅문》 3부작이었다. 나는 뭐니 뭐니 해도 〈장무기〉 편이 제일 재미있었다. 제1부가 사조영웅전, 제2부가 신조협려, 제3부가 의천도룡기였는데, 내용이 제일 단순한 제3부를 최고로 꼽고 싶다. 어려움을 이겨내고 무협계의 일인자가 된다는 점에서 그렇다. 그 당시에 함께 읽었던 작품이 정비석의 《손자병법》이었다. 이 시기에 무협 소설을 정말 많이 읽었다. 흔들리는 버스에서도 볼 정도로 대단한 집중력을 갖고 보던 시절이었다.

'기다림은 만남을 목적으로 하지 않아도 좋다'로 유명한 서정윤 시인의 《홀로서기》도 기억에 남는다. 시집은 어느새 서점에서도 찾기 힘들지만 《홀로서기》가 유행할 당시에는 학생들의 책받침이 홀로서기 시로 도배되고 다들 홀로서기의 한 대목을 외우고 읊을 정도로 엄청난 인기를 끌었다. 도종환, 이해인의 시 등 당시에는 꽤 많은 시가 사랑받았고, 심지어 사람들이 자연스럽게 대화 중에 시 한 대목을 읊을 정도였다. 그래서 서점에서도 시집이 꽤 많은 공간을 차지했다. '둘이 만나 서는 게 아니라 홀로 선 둘이가 만나는 것이다'라는 시구는 지금도 뇌리에 남아 있다.

우연한 계기로 조정래의 《태백산맥》을 읽게 되었는데, 만화영화 〈똘이장군〉에서 나온 북한은 괴수이고 "공산당이 싫어요"라는 정서가 통하던 당시에 태백산맥은 조금은 불온한 책에 속하기도 했다. 이 책은 우리나라의 아픔을 제대로 그려낸 작품으로, 영화로도 만들어졌다. 문단의 여백도 없이 글자가 매 페이지마다 빼곡히 차 있어 무척이나 힘겹게 읽었는데 의외로 10권을 완독한 사람이 없다는 것을 후에 여러 사람과 이 책에 대해 이야기하면서 알게 되었다.

학교 교과서에나 나오는 소설가라고 생각했던 김동리의 《사반의 십자가》는 기독교인인 나의 청소년 시절에 영향을 미친 작품이다. 막연히 주일 예배에서 설교 시간에나 듣던 예수님이나 《성경》으로만 접했던 예수님의 삶에 대해 소설이라는 형식을 통해 알게 해 준 작품이었다. 신으로서의 예수님과 인간으로서의 예수님에 대해, 제자들과의 관계에 대해 소설만의 심리묘사로 성경을 통해 본 예수님과는 또 다른 면을 볼 수 있었다.

읽는 책으로서의 의미보다는 연습을 위한 책으로서 활용한 《백세 개의 모노로그》가 있다. 유명한 배우들의 연기선생으로도 유명한 최형인 씨가 여러 작품 중에서 몇 대목을 발췌한 것으로, 책 제목처럼 연기자들의 연기 연습을 위한 책이다. 이런 책이 전혀 없었을 당시에 이 책을 사 놓고 장음과 단음을 표시해서 입에 볼펜을 물고 발음을 연습했다. 아나운서들도 말이 중요하지만 연기자들에게도 말하기는 중요한 부분이다. 발성이 좋은 배우들이 연기도 잘하는 것처럼 말이다. 최소한 하루에 한 페이지씩은 읽었던 것으로 기억한다.

연기자를 꿈꾸며 열심히 연습하던 당시에는 스타니슬랍스키의 《배우수업》을 몇 번이나 탐독했다. 말런 브랜도에 의해 유명해진 메소드 연기는 원래 러시아의 스타니슬랍스키에게서 시작되었다.

이는 실제로 역할의 사람이 되기 위한 방법을 가르쳐 주는 것인데 책은 이론서라기보다는 소설 형식으로 되어 있어 막 연기를 배우는 학생이 어떤 식으로 연기를 하나씩 알아가고 체득하는지 고민하고 실천하는 내용을 다루고 있다. 연기자를 꿈꾸는 사람이라면 한 번쯤은 꼭 읽어야 할 책이라고 생각한다.

10~20대에 읽은 책들은 실용적인 목적으로 책을 읽기 시작하기 전에 읽었던 책들이다. 그 밖에 서양의 동양상인 이야기인《베니스의 개성상인》, 핵 논란과 함께 애국심을 끓어오르게 했던《무궁화 꽃이 피었습니다》, 기호학자로 엄청난 지식을 자랑하는 움베르토 에코가 중세 음모론을 추리로 쓴《푸코의 추》, 90년대에 은희경, 공지영, 신경숙 작가가 쓴 소설들과 너무 유명해서 보게 된 무라카미 하루키의《상실의 시대》등등이 있다.

'내 인생의 책'으로 선정하고 소개할 단 한 권의 책은 없지만, 이런 책들이 내 머릿속에 남아 현재 내가 세상을 바라보는 시각을 갖게 되었다고 생각한다. 책을 읽고 나서 머릿속에 남는 것이 없는 것처럼 느껴져도 결국 무의식에 남아 나라는 사람을 규정하는 재료들이 되고 있다.

당신에게는 어떤 책이 그런 존재인가요?

부록

이럴 땐 이런 책을 읽어 보세요!!

인간관계를 잘 맺는 비법을 알고 싶은 사람들을 위한 책

《기브 앤 테이크》
애덤 그랜트 지음 · 윤태준 옮김 · 생각연구소

사람들은 기버, 테이커, 매처라는 세 부류로 나눌 수 있다. 기버는 주는 사람, 테이커는 얻기만 하는 사람, 매처는 받아야 주는 사람을 말한다. 우리 대부분은 매처에 해당한다. 받아야 주거나 주었으니 받을 것이라고 기대한다. 무엇을 다른 방식으로 돌려받을 것이라고는 기대하지 않는다. 반면, 기버는 자신의 도움으로 상대가 변화되고 그 사람에게 이익이 된 것만으로도 기쁨을 느낀다. 남에게 이용당하는 기버와 달리 성공한 기버는 자신의 이익도 함께 공유한다. 단순히 남을 도와주는 것에 그치는 것이 아니라 자신도 성공에 대한 강한 의지를 보이고 노력한다는 점이 실패한 기버와 다른 점이다. 기버로서 살면 사람들에게 이용을 당할 수 있는 위험이 존재한다. 그러나 기본적으로 대부분의 사람은 매처에 해당한다. 그렇기에 도움을 받았으면 도움을 주려고 노력한다. 이 책은 우리가 일반적으로 생각하는 것과는 반대의 이야기를 해 준다는 점에서 읽고 참고할 만하다.

《낯선 사람 효과》
리처드 코치 · 그렉 록우드 공저 · 박세연 옮김 · 흐름출판

이 책에서 기본적으로 이야기하는 개념은 허브, 강한 연결, 약한 연결이다. 지금까지 강하게 연결되어 있는 사람들에게 많은 도움을 받고 좋은 쪽

으로 사회가 흘러 왔다고 생각하지만, 갈수록 강하게 연결되어 있는 사람들보다는 약하게 연결되어 있는 사람들에게서 더 많은 기회가 나오고 도움을 받을 수 있다는 것이다. 갈수록 발전되는 이 사회에서 수많은 기회가 우리를 스쳐 지나간다. 그런 기회들을 우리는 우리와 아주 가까운 사람들에게서 얻는 것이 아니라 연락처를 알고 아주 가끔 만나는 사람들에게서 얻게 되는 경우가 더 많다는 것이다.

《마음을 훔치는 사람들》
마크 고울스톤, 존 얼맨 공저 · 박여진 옮김 · 흐름출판

이 책은 단절된 영향력과 연결된 영향력이라는 용어로 사람들에게 영향력을 끼치는 사람들을 설명하고 있다. 내가 영향력을 제대로 발휘하고 상대방이 진정으로 받아들인다면 연결된 영향력이지만, 나만 만족하고 상대방은 나를 다시 만나고 싶지 않거나 가까이 하고 싶지 않은 사람이라고 여긴다면 단절된 영향력을 행사하는 사람인 것이다. 진정으로 연결된 영향력을 미치는 사람들은 무엇보다 먼저 자신의 입장이 아닌 상대방의 입장에서 이야기를 한다. 사람들은 저마다 백인백색이다. 모든 사람이 나와 같은 생각과 행동, 가치관을 가질 수는 없다. 그러기에 무엇보다 먼저 내가 아닌 나와 관계가 있는 사람들의 입장에서 결정을 해야만 그들이 내 진심을 알아주고 알아서 따르게 되어 있다.

《콰이어트》

수전 케인 지음 · 김우열 옮김 · 알에이치코리아

외향적인 성격의 사람들은 옥박지르고, 자극을 주고, 넌 할 수 있다는 용기를 심어 주고, 잘 하라고 타박도 하면서 벌도 주면 오히려 이에 대해 반응을 하고 '그래 까짓것 할게, 할게' 하면서 열심히 한다. 반면, 내성적인 사람들은 그런 경우에는 역효과가 나타나므로 최대한 기다려 주면서 잘한다고 칭찬하고 다독여 줄 때 비로소 자신의 능력을 발휘한다. 이런 점을 모르고 지도자들이나 관리자들이 무조건 옥박을 질러 대면 실패할 수밖에 없다. 다시 말해, 각 개인의 성격에 따라 달리 접근해 잠재력을 끌어내야 한다. 내성적인 사람이 문제점을 갖고 있는 것이 아니라 그의 성향에 맞추어 행동하면 된다. 한국인의 대다수가 내성적인 성격을 갖는 것으로 나타났다. 외향적인 성향을 갖고 있는 미국의 자기계발 서적을 무조건 따라하면 힘든 이유가 바로 여기에 있다.

《나는 남들과 무엇이 다른가》

정철윤 지음 · 8.0(에이트포인트)

타인과의 차별성에 대해 생각을 하는 것은 타인과의 비교를 통해 나만의 독특하고 뛰어난 점을 발견하기 위한 여정이라 볼 수 있다. 내가 갖고 있는 여러 특징 중에—본질이 아니라 —한 부분에 대해 생각해 보는 것도 남

들과는 다른 자신을 들여다보는 일일 수 있다.

자신만이 갖고 있는 강점과 약점이 무엇인지를 진지하게 생각해 보고 이를 토대로 무엇인가를 하려고 실천하는 사람들이 의외로 드물다. 그러므로 이 책을 읽으면서 책 제목처럼 나는 남들과 무엇이 다른지 진지하게 생각해 보는 것도 자신에게 큰 의미가 있을 것이라 생각한다.

《어떻게 살 것인가》
사라 베이크웰 지음 · 김유신 옮김 · 책읽는수요일

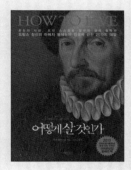

이 책은 몽테뉴의 삶과 사고, 철학에 대해 소개하면서 당시를 살던 사람들의 사고를 몽테뉴적인 관점에서 설명하고 그 이후 사상가들이 몽테뉴를 어떤 식으로 바라보고 승계하거나 배척했는지에 대해 이야기한다.

우리가 인생을 어떻게 살 것인가에 대해 몽테뉴라는 한 인물의 사상을 통해 이야기해 주고 있지만, 몽테뉴가 많은 사람과의 교류를 통해 받아들이고 거부한 것, 또 보태서 생각한 것을 포함해 이 책을 쓴 저자의 몽테뉴에 대한 생각이 함께 버무려져 이야기가 진행된다.

《혼자 책 읽는 시간》
니나 상코비치 지음 · 김병화 옮김 · 웅진지식하우스

책을 읽는 행위가 '치유'를 줄 수 있다는 사실을 이 책은 보여 준다. 삶의 늪에 빠져 허우적거리고 있을 때 책은 우리에게 위안을 주고, 아무 말 없이 지켜봐 주며, 힘이 되는 친구가 되어 준다. 상처와 감정의 기복은 도망가면 갈수록 더욱더 기를 쓰고 쫓아오게 되어 있다. 그것을 온몸으로 받아들이는 것이 오히려 극복하는 데 더욱 도움이 되지만 그런 행동을 하는 사람은 거의 없는 것이 현실이다. 저자는 어릴 때부터 친구처럼 지내면서 많은 것을 함께 공유한 언니가 암으로 먼저 세상을 떠난 후 자신을 놓아 버리는 힘든 삶 속에서 하루 한 권의 책 읽기를 결정하면서 생각지도 못하게 상실감을 극복하게 된다. 책을 통해 만난 사람들에게서 치유를 받고 세상을 더욱 넓게 보게 된 것이다.

《죽음의 수용소에서》
빅터 프랭클 지음 · 이시형 옮김 · 청아출판사

인간은 외부 환경과는 상관없이 자신이 스스로 선택할 수 있는 자유를 갖고 있다. 수용소는 부족한 잠과 부족한 식량으로 인해 언제 질병으로 쓰러질지 모르는 열악한 환경이다. 이 책의 저자 빅터는 겨우 바람만 막을 수 있을 정도의 옷을 걸치고 있어도 환경에 적응해서 심한 추위에도 감기에 걸리지 않고 동상에도 걸리지 않았다고 한다.

오늘 죽을지 내일 죽을지 알 수 없는 수용소의 환경 속에서 누군가는 살아남았고 누군가는 생을 마감했다. 단지 운만으로 그런 결과가 나온 것은 아니다. 인간의 의지도 큰 역할을 한다는 말이다. 책의 내용 중에 "그렇게 힘든데 왜 자살을 하지 않으시나요?"라고 물어보면 한결같이 그 질문으로 인해 자살을 생각한 사람도 자살을 하지 않는다는 문구가 나온다. 역설적인 질문이 오히려 그 사람의 강박관념을 풀어버린다는 것이다. 무엇인가에 대해 두려움을 갖고 있다면 감추려 하지 말고 차라리 더욱더 그것을 사람들에게 알려야겠다는 마음을 먹는 것만으로도 두려움에 대한 해결이 가능하다는 것을 이 책은 보여 주고 있다.

《살아야 하는 이유》
강상중 지음 · 송태욱 옮김 · 사계절

이 책은 일본에서 3월 11일 동일본 대지진 후 일어난 일련의 대사고 이후에 일본 사람들이 삶이 무엇인지 혼란스러워하고 답을 구하고자 하는 문제에 대해 자살한 아들에게 미처 하지 못했던 이야기를 하는 형식으로 풀어내고 있다.

현대인들은 진짜 자신의 모습을 찾고 싶어 하지만 그로 인해 불행하고 힘들어질 수 있다. 나라는 한 개인은 이미 세상에 태어나 삶을 살고 있는데 거기서 진짜 나를 찾는다는 것이 무슨 의미가 있는 것일까? 우리가 행복해지기 위해서는 결국 현재 존재하고 있는 자기 자신을 인정하고 있는 그대로 받아들일 필요가 있다. 진짜 자신의 모습을 찾는다는 것은 자신의 본질을 찾기 위한 과정이 아니라 거꾸로 헛된 욕망을 쫓는 과정이 될 수도 있다. 어느 곳에서 어떤 모습으로 존재하든지 그것은 모두 자신의 모습이라는 사실을 겸허히 받아들이자.

삶의 소중함을 일깨워 주는 책

《문어별아이 료마의 시간》
신보 히로시 지음 · 노인향 옮김 · 지식너머

뜻하지 않게 청천벽력과도 같은 선고를 받은 료마는 단순히 자폐증만 갖고 있는 것이 아니라 자폐증을 갖고 있는 아이들에게 동반되는 자해행동을 하고 패닉에 빠지면 자신만의 세계에 들어간다. 저자는 처음에는 부모로서 최대한 노력하면 료마를 치유할 수 있을 것이라 믿고 여러 가지를 조사해 보았지만 자폐증은 평생 안고 살아가야 한다는 사실을 깨닫게 된다.

다행히도 료마는 무사히 고등학교까지 잘 마친다. 아빠인 히로시 씨는 아들 료마가 남들보다 발달이 많이 늦지만 너무 당연하게 받아들이는 행동이나 말을 보며 뒤늦게라도 할 수 있는 행동이나 말이 있다는 것에 감사해 하며 많은 깨달음을 얻고 복지의 질을 높이기 위한 사단법인 '산들바람 편지'를 운영하고 있다.

《그러니 그대 쓰러지지 말아》
김재식 지음 · 위즈덤하우스

'다발성 경화증'이라는 희귀 난치병에 걸린 저자의 아내는 사지가 마비되어 혼자서는 몸을 움직이지 못한다. 기초적인 생활조차도 누군가의 도움이 반드시 필요하다. 질병이 자신의 의지로 생긴 것이 아닌 것처럼 병이 길어지면서 가족들이 의지만으로는 도와줄 수 없는 많은 일이 생긴다.

저자가 몇 번이나 차라리 같이 죽자는 생각도 했지만 다시 한 번 살자고 마음을 다잡은 것은 주변에 도와주는 사람들이 있었기 때문일 것이다. 이름도 알지 못하는 사람이 계좌번호를 물어본 후에 통장에 돈을 넣어 준 일도 있다는 것을 보면 세상은 우리가 생각하는 것처럼 그렇게 각박하지만은 않은 듯하다. 이러한 따스함이 세상을 변화시키고 우리가 힘겨움 속에서도 살아갈 이유가 되는 듯싶다.

《1리터의 눈물》
키토 아야 지음 · 한성례 옮김 · 이덴슬리벨

아야라는 소녀가 희귀병을 갖게 된 중학생 때부터 성인이 된 20대 초반까지 자신이 직접 쓴 일기를 엮어서 출판한 내용이다. 아야는 자신의 몸을 제대로 가누지 못해 넘어지고 다쳐 몸은 점점 상처투성이가 되고 타인의 도움이 없으면 화장실도 제대로 갈 수 없는 처지가 된다. 온 가족이 자신에게 집중하게 되고 다른 형제자매들에게는 자신이 어머니의 사랑을 독차지해서 미안한 마음이 가득하지만 표현할 수도 없고 갈수록 더욱 식구들에게 의지하며 살아가야 하는 아야의 이야기는 우리로 하여금 미처 깨닫지 못했지만 가족들에게 얼마나 많은 사랑을 받았는지와 함께 그들에게 제대로 표현하지도 보답하지도 못한 자신을 돌아보게 한다.

자신의 노력에 회의가 드는 사람들을 위한 책

《탤런트 코드》
대니얼 코일 지음 · 윤미나 옮김 · 웅진지식하우스

이 책에서는 '미엘린'을 강화시키기 위한 방법을 소개한다. 무조건 연습하는 것이 아니라 그 분야에 맞는 연습을 할 때만이 '미엘린'을 더욱 강화시킬 수 있고, 빠른 속도로 향상시킬 수 있다고 한다. 다시 말해, 반복적인 행동과 연습을 통해서만 성공할 수 있다고 말한다.

성공하기 위해서는 자신의 한계를 조금씩 조금씩 부수고 전진을 해야 한다. 그러기 위해서는 성공 자체가 아니라 노력을 통해 문제를 한 가지씩 해결하는 희열을 맛보는 것이 중요하다. 스스로 자신의 한계를 정하는 것이 아니라 한계에 부닥치더라도 결코 좌절하지 않고 노력하는 자세를 가져야 성공에 이를 수 있다는 말이다.

《베스트 플레이어》
매슈 사이드 지음 · 신승미, 유영만 옮김 · 행성비(웨이브)

우리가 선망하는 운동선수는 타고난 것이 아니라 우리가 상상할 수 없는

엄청난 노력으로 만들어진 것이다. 육상 트랙경기를 보면 거의 대부분 특정 국가의 선수들이 메달을 휩쓸고 있어 남들과 다른 유전적인 요인을 갖고 있을 거라고 생각하지만, 연구 결과는 그들은 어릴 때부터 매일 엄청난 거리에 있는 학교를 달려갔기 때문이라고 분석했다. 따라서 우리는 누구나 능력에 좌절하지 말고 노력에 집중해야 한다. 이런 이야기 자체는 사실 많은 책에서 보았던 내용이지만 베스트 플레이어를 만들어 낸 것이 바로 이 점이라는 사실이 중요하다. 이런 사례들을 통해 우리도 끊임없이 자신의 한계를 극복해 나갈 수 있는 본보기로 삼을 수 있기 때문이다. 똑똑하거나 능력이 뛰어나서라기보다 노력을 통해 이룬 성취는 실패에 대한 좌절과 두려움을 뛰어넘은 결과로서 그 성공의 보상이 얼마나 달콤하겠는가.

《내가 다시 서른 살이 된다면》
마이클 모부신 지음 · 서정아 옮김 · 토네이도

이 책의 서두는 저자가 어떤 식으로 첫 직장을 갖게 되었는지에 대한 이야기로 시작된다. 면접에서 최고 결정권자의 휴지통에서 본 미식축구팀 팸플릿과 연관지어 이야기한 결과 취직이 결정되었다고 한다. 모든 사람이 반대했지만 최고 결정권자가 마음에 든다는 순전한 행운에 의해 지금의 자신이 있다는 이야기를 하며 과연 그렇다면 우리는 순수하게 실력으로 성공하는 것인지 운에 의해 성공하는 것인지에 대해 의문을 던지며 출발한다. 이 책은 모든 사람이 꿈꾸는 성공이라는 것에 대해 과학적으로 풀어서 설명한다. 왜 운이 작용하는가에 대해 알려 주고, 운이라는 것을 부정할 수는 없지만 기량에 많은 부분을 할애해야 하는 이유에 대해서도 설명한다. 예를 들면 다윗은 자신이 집중할 수 있는 부분에만 집중해서 성공할 수 있었다. 그가 골리앗에게 달려들어 일대일로 싸우려 했다면 백전백패였겠지만 최대한 원거리에서 골리앗의 약점을 제대로 공략해서 성공한 것처럼 자신의 기량을 키우는 것이 올바른 성공의 지름길이라고 납득이 가게 차근차근 설명해 준다.

평생 공부를 하고 싶은 사람들을 위한 책

《최고의 공부》
켄 베인 지음 · 이영아 옮김 · 와이즈베리

이 책에서는 사람들이 공부하는 유형을 크게 암기로 시험에 대비하는 '피상적 학습자', 보물찾기 하듯이 공부하는 '심층적 학습자', 좋은 성적을 내기 위해 공부하는 '전략적 학습자'로 구분한다. 자신이 어떤 분야에 있어도 부족한 것을 깨달은 사람만이 계속해서 공부를 하게 되고, 궁금한 것을 알기 위해 공부하다 보니 저절로 남들보다 앞서게 된다. 지식을 자신의 것으로 만들기 위해 생각하는 과정을 거쳐야만 비로소 공부가 완성될 수 있다. 개인이 할 수 있는 가장 좋은 공부 방법이 바로 쓰는 것이다. 쓰는 것은 많이 읽은 뒤에 이루어지는 하나의 과정이므로 읽는 것이 공부의 분명하고도 확실한 출발점이다.

《노는 만큼 성공한다》
김정운 지음 · 21세기북스

가, 나, 다, 라를 가, 다, 나, 라로 보여 주거나 가, 나, 다, 란이나 간, 낭, 닫, 랄 같이 낯설고 익숙하지 않아 새롭게 느껴지게 하는 것이 바로 창의력이다. 그런데 이런 창의력은 죽어라고 일만 해서는 절대로 생기지 않는다. 아무 생각 없이 놀 때 이런 창의력이 샘솟는다고 한다. 여유롭게 산책을 할 때 오히려 갖가지 생각이 들며 평소에 생각지 못한 방법으로 새롭게 문제를 들여다보는 시각이 생겨난다. 이 책에서는 "해 아래 새로운 것은 없다"는 말처럼 창의력이라는 것은 무엇인가 새로운 것을 창조하는 것이 아니라 기존에 있는 것을 재배치하고 기존과는 다른 방식으로 낯설게 보여 주는 것이라고 말한다.

《공부하는 힘》
황농문 지음 · 위즈덤하우스

이 책은 공부의 다양한 방법에 대해 설명하기보다는 공부에 집중하는 것에 대해 설명하는 책이다. 결국에는 집중을 넘는 몰입에 대해 말한다. 무엇인가 얻기 위해서는 모든 것을 내려놓고 한 가지에 집중해서 몰입해야 한다. 그렇게 해야 문이 열리고 새로운 세계로 진입할 수 있다고 한다. 책을 읽는 것은 공부에 흥미를 느끼고 공부를 하고 있는 중이라 할 수 있다. 또한 책을 꾸준히 읽으면 알고 싶은 욕구가 더 생겨나 저절로 지식에 대한 탐구와 추구를 하게 된다. 그래서 더 알고 싶은 분야에 대해 관련 책을 섭렵하면서 조금씩 지식을 쌓고 몰랐던 부분을 알아간다는 재미를 느끼게 된다.

《경영학 콘서트》
장영재 지음 · 비즈니스북스

경영은 단순히 감으로 할 수 있는 것이 아니라 데이터를 근거로 정확한 목표를 세우고 거기에 맞게 관리해 나가는 것이다. 예를 들어 이마트를 보면 계산 창구는 많이 있지만 시간대와 요일별로 계산 창구에 서 있는 직원의 숫자가 달라진다. 조사, 분석을 통한 데이터를 근거로 해서 요일별, 시간대별로 계산 창구에 서 있는 인원을 조절한 것이다. 과학적인 데이터를 근거로 해서 합리적으로 발전 목표를 세우기 위해서 수학을 통한 경영은 기업의 필수적인 핵심요소가 되었다. 소규모의 자영업을 하더라도 '감'으로 하지 않고 이 책에 나온 것처럼 수학적 계산을 통해 정확한 '알고리즘'을 파악해 운영한다면 더욱 효율적으로 경영할 수 있으며, 매출 증대에도 효과를 볼 수 있을 것이다.

《100달러로 세상에 뛰어들어라》
크리스 길아보 지음 · 강혜구, 김희정 옮김 · 명진출판

큰 규모가 아니더라도 자신의 상황을 개척하고 과감히 창업을 결정해서 성

공한 사람들의 이야기를 보여 주는 책이다. 노마드(유목민, 방랑자) 창업과 마이크로 비즈니스에 대해 알려 준다. 이 책에서 소개하는 성공 사례들은 대부분 사무실 없이 웹상으로 고객을 모아 사업에 성공한 경우다. 웹상에 자신의 사업을 알리고 사람들이 접근하고 신청해서 비용을 지불하는 시스템을 만들면 얼마든지 매우 적은 자본으로도 창업이 가능하고 사업을 해 나갈 수 있다. 소개되어 있는 대부분의 사례는 사업이 점차 커짐에 따라 직원을 채용해 회사의 외형을 키우기보다는 아웃소싱을 통해 1인 창업에 보다 충실한 사람들의 내용으로 구성되어 있다.

《비저블 이펙트》
김동준 지음 · 지식공간

이 책은 '아이디어는 머리가 아니라 눈(EYE)이 만든다'라고 부제가 달려 있다. 좀 더 많은 사람이 보고 느끼고 활발하게 이야기를 하기 위해 글로 적고 그림으로 적어 각자의 생각을 보다 구체화하면서 점점 아이디어를 가다듬고 발전시키는 과정에서 창의로운 무엇인가가 생겨난다고 말한다. 그런데 그 아이디어와 생각이 누구를 위한 것인지를 먼저 생각해야 한다. 기업이라면 결국에는 고객을 위한 것이어야 한다. 그렇지 않고 열심히 토론하고 이야기를 나누고 아이디어를 짜다 보면 고객은 완전히 배제되고 자신들의 마음에 드는 쪽으로 진행되고 만다. 그 제품을 쓰는 사람의 입장에서 물건을 만들고 생각을 다듬을 때 비로소 획기적인 제품과 사람들이 좋아할 만한 무엇인가 탄생하게 된다고 이 책은 알려 준다.

《총균쇠》
재레드 다이아몬드 지음 · 김진준 옮김 · 문학사상

인간이 갖고 있는 '말라리아, 매독, 에이즈, 페스트' 등의 각종 균을 이겨낸 인간의 유전자는 후세에 전달이 되고 그에 맞서 싸운 균들은 새롭게 변종되어 인간에게 다시 침투한다. 그래서 인간은 다시 피해를 입지만 이를 또다시 이겨내는 방법으로 단련이 된다. 이처럼 새로운 종족을 접촉할 때 더 우세한 균이 이겼던 것이다.

유럽은 지속적으로 다양한 국가가 경쟁적으로 더 좋은 환경과 국가를 이룩하기 위해 발전에 발전을 거듭한다. 중국은 단일 국가로서 일단 결정이 내려지면 일사불란하게 일을 처리하지만, 만약 잘못된 결정이 내려지면 더 이상의 발전이 없다. 유럽에서는 한 국가의 결정이 그 국가에서만 유효하고 다른 국가에서는 다른 방식으로 결정되어 발전한다.

이 책은 인류가 각자 고유의 영역으로 발달하고 발전한 이유에 대해 자세히 알려 준다.

《왜 유럽인가》
잭 골드스톤 지음 · 조지형, 김서형 옮김 · 서해문집

중세 시기에 유럽은 동양에 비해 생활 수준이나 여러 가지가 뒤처져 있었기 때문에 동양의 문명과 문물을 받아들이기 위해 노력한 결과로 뜻하지 않게 아메리카 대륙을 발견하게 되었다. 또한 중동 지역에 거대한 제국이

자리 잡고 있어 이를 피하기 위한 노력이 현재의 문화와 과학을 탄생시켰다. 뒤처져 있던 유럽이 이슬람 문화와 과학을 만나 기존 사고의 체계가 조금씩 깨지면서 새로운 사고를 받아들이게 된다. 그전까지 믿고 있었던 사회관과 세계관, 자연을 바라보는 시각과 신에 대한 관점이 변하면서 1500~1850년이라는 기간 동안 서서히 발전을 이루어 유럽이 여러 면에서 앞서가기 시작했다고 이 책은 알려 준다.

《문명의 붕괴》
재레드 다이아몬드 지음 · 강주헌 옮김 · 김영사

인류에서 사라진 민족이나 종족의 발자취를 더듬는 내용이다. 문명이 붕괴되는 데에는 크게 다섯 가지 원인이 있다. 사람들이 환경에 무모하게 가하는 피해, 기후 변화, 적대적인 이웃, 우호적인 이웃의 지원 중단 내지 감소, 사회 문제에 대한 주민의 반응이 그것이다.

세계적인 영향력을 갖고 있는 다국적 기업들이 단기 이익을 위해 움직이지 않고 자연을 최대한 훼손하지 않고 보존하면서 필요한 자원을 이용하는 것이 결국에는 더 큰 이익으로 돌아온다는 사실을 깨닫도록 우리가 영향력을 발휘한다면 인류 역사도 변화할 수 있을 것이다.

나를 변하게 만든 책 읽기와 리뷰에 대한 이야기를 솔직하게 털어 놓았다. 만약 이 책을 읽고 다른 책을 읽어야겠다는 마음이 생겼다면 그것으로 이 책의 목적은 달성했다고 생각한다.

사실 내가 한 것은 책을 읽고 리뷰를 쓴 것뿐이다. 어떤 엄청난 노력이 필요한 것이 아니다. 다만 지치지 말고 꾸준히 읽고 쓰는 자세가 필요하기는 하다.

리뷰를 쓰지 않더라도 책을 읽는 것만으로도 당신의 인생은 변할 수 있다. 투자를 하다보니 제법 경제적 여유와 자유를 갖고 있는 사람들을 만나게 되는데 그들 중에 단 한 명도 책 읽는 것을 게을리한 사람을 본 적이 없다. 그토록 바쁘고 열심히 사는 사람들이 집 안 가득히 책이 빽빽이 꽂혀 있는 것을 보면 언제 그렇게 책을 읽는지 놀랍고 궁금할 뿐이다. 그들이 성공한 이유가 마치 책을 많이 읽어서 그런 것은 아닌지 궁금해지기까지 한다.

그러므로 만약 책을 읽을 시간이 없다면 내가 앞에서 제안한 하루에 1분 읽기를 한번 시작해 보라. 어느 순간부터 탄력이 생겨 더 많은 페이지를 읽게 되고 지식이 점점 늘어나는 것을 경험하게 될 것이다. 그리고 나아가 이로 인해 변화된 자신을 발견할 수 있다.

책을 많이 읽어서 좋은 점은 사흘 밤낮을 이야기해도 모자랄 것이다. 다방면의 지식을 쌓다 보면 전문가 앞에서 감히 이야기하지 못하더라도 최소한 누구를 만나든 상대방의 이야기를 알아듣게 되는 경험을 하게 될 것이다. 그렇게 되면 자신감이 생기고 기회들이 보이기 시작한다.

매년 100권 정도를 읽던 것은 이제는 1년에 150권 정도를 소화할 수 있게 되었다. 사실 책 읽기는 어렵지 않을 수 있지만 읽은 책 모두를 리뷰를 쓴다는 것은 쉽지는 않다. 힘들기는 하지만 이것이 결국 내 무형의 자산이 되었다. 그래서 나는 많은 사람이 책을 통해 자신의 보물을 발견하기를 진심으로 바라는 마음에서 이 책을 쓰게 되었다.

부족한 글을 읽어 주신 모든 분들에게 감사드리고 지금까지 내가 읽은 모든 책의 저자들에게 고마움을 느끼고 앞으로 읽게 될 책의 저자들에게도 미리 감사의 말을 전한다. 자신의 지식을 아낌없이 나눠 준 저자들이 있었기에 지식을 쌓을 수 있었고 내가 변화할 수 있었다. 그들의 도움이 없었다면 결코 이 자리에 올 수 없었을 것이다.

부족한 원고를 받고 출판을 결정해 주신 평단문화사와 늘 고마운 양가 부모님, 사랑하는 아내(은영)와 아이들(하영, 기찬, 하율)에게도 고마운 마음을 이 자리를 빌려 전한다.

책으로 변한 내 인생

이재범 지음

발행처 | 도서출판 평단
발행인 | 최석두

초판 1쇄 인쇄 | 2014년 9월 25일
초판 4쇄 인쇄 | 2017년 5월 19일

신고번호 | 제2015-000132호 / 신고연월일 | 1988년 7월 6일
주소 | (10594) 경기도 고양시 덕양구 통일로140(동산동 376) 삼송테크노밸리 A동 351호
전화번호 | (02)325-8144(代)
팩스번호 | (02)325-8143
이메일 | pyongdan@daum.net

ISBN | 978-89-7343-400-8 (03320)

값 · 12,000원

ⓒ 이재범, 2014, Printed in Korea

도서출판 평단은 수익금의 1%를 어려운 이웃돕기에 사용하고 있습니다.